Brisez les Règles, Pas le Code :

Concevoir des Sites qui Défient la Norme

Owen Redford

Brisez les Règles, Pas le Code :
Concevoir des Sites qui Défient la Norme

Polychromatic reflections Publishing

Code ISBN : 9798396683815
Marque éditoriale : Independently published
Couverture : Packer Nemo

Sommaire

Introduction

Bienvenue dans un voyage que nous promettons d'être extraordinaire, un voyage qui vous plongera dans le cœur battant de l'Internet moderne. Bienvenue dans "Brisez les Règles, Pas le Code : Concevoir des Sites qui Défient la Norme". Nous voici, à l'orée de l'aventure, prêts à vous guider à travers l'art et la science de la création de sites Web.

Le Web, cet univers infini et étonnant, est devenu une partie intrinsèque de notre existence quotidienne. Ce que vous consultez sur votre smartphone le matin, ce que vous recherchez sur votre ordinateur au bureau, les vidéos que vous regardez pendant votre pause déjeuner, tout cela est rendu possible grâce au Web. Mais le Web n'est pas une entité abstraite, mystérieuse et intangible. C'est un espace que vous pouvez non seulement explorer, mais aussi façonner.

C'est un monde qui a été créé par des gens comme vous et moi, et c'est un monde où vous pouvez également laisser votre empreinte. Ce livre est votre billet pour cette aventure, votre carte au trésor pour naviguer dans l'océan des possibilités offertes par le Web. Que vous soyez un débutant curieux ou un professionnel expérimenté cherchant à élargir votre horizon, nous avons conçu ce guide pour vous.

La création de sites Web, contrairement à ce que certains peuvent penser, n'est pas un exercice purement technique, réservé aux codeurs en herbe et aux programmeurs accomplis. C'est une forme d'art, une manière d'exprimer vos idées, de partager vos connaissances, de connecter les gens et de façonner le monde. C'est une pratique multidisciplinaire qui implique une compréhension de la technologie, oui, mais aussi de l'art du design, de la psychologie humaine, de la communication, et bien plus encore.

En parcourant ce livre, vous découvrirez que nous avons construit chaque chapitre comme une pièce de puzzle, se connectant les unes aux autres pour former une image complète du processus de création de sites Web. Nous commencerons par les fondamentaux du développement Web front-end et back-end, puis nous plongerons dans le monde du design UX/UI. Nous dévoilerons les secrets du SEO, discuterons de l'importance de l'accessibilité Web et vous apprendrons à sécuriser votre site. Ensuite, nous explorerons les différentes options d'hébergement Web et vous guiderons à travers l'univers des systèmes de gestion de contenu. Nous discuterons également des aspects juridiques de la gestion d'un site Web et nous vous montrerons comment utiliser les outils d'analyse Web.

Mais ce livre n'est pas seulement une compilation de connaissances. C'est un appel à l'action, un encouragement à penser de manière créative et à repousser les limites. Nous espérons que, tout en apprenant les règles du jeu, vous serez inspiré pour les briser, pour repousser les limites, pour créer des sites qui défient la norme.

Laissez-vous inspirer par les possibilités infinies que le Web offre. Nous espérons que vous gagnerez non seulement une compréhension solide de la création de sites Web, mais aussi une appréciation pour la beauté et la complexité de ce domaine.

Et souvenez-vous, il n'y a pas de 'bonne' ou de 'mauvaise' façon de faire les choses dans le monde du Web. Il existe des centaines de chemins pour arriver au même endroit. Ce que nous vous présentons ici n'est pas la seule manière de faire, mais plutôt un guide, un point de départ pour votre propre voyage. Nous vous encourageons à prendre ces concepts, à les expérimenter, à les remettre en question, à les faire vôtres.

Dans le monde de la création de sites Web, chaque jour est une nouvelle occasion d'apprendre quelque chose de nouveau, de surmonter un défi, de voir les choses sous un angle différent. Que ce livre soit votre compagnon de voyage dans cette aventure passionnante, et que chaque page vous rapproche de la réalisation de vos propres rêves et aspirations sur le Web.

Prêt pour le voyage ? Allons-y. Brisons les règles, mais pas le code. Concevons des sites qui défient la norme.

Les Fondamentaux
du Développement Web Front-End

HTML : Le squelette du Web

L'histoire du Web commence par trois lettres simples mais puissantes : HTML. Acronyme de HyperText Markup Language, HTML est le squelette du Web, la structure de base sur laquelle sont construits tous les sites Web.

Tout comme le squelette donne forme et soutien à notre corps, HTML donne structure et cohérence à nos pages Web. Chaque élément que vous voyez sur une page Web, les en-têtes, les paragraphes, les images, les listes, les tableaux, et plus encore, est défini et structuré par HTML.

Pensez à un site Web comme à une maison. Si le HTML est le squelette, alors les murs, le toit, et la structure de base de la maison sont tous construits avec HTML. C'est ce qui donne à la maison sa forme et sa structure, la fondation sur laquelle tout le reste est construit.

Mais HTML ne s'arrête pas à la structure. Il fournit également des moyens de lier des documents les uns aux autres via des liens hypertexte. Il permet aux images, aux vidéos, aux formes interactives et à d'autres types de contenu riche d'être intégrés dans une page Web. En bref, HTML donne vie à l'information, la transformant en quelque chose que vous pouvez voir, cliquer, et interagir.

Alors, comment cela fonctionne-t-il ? HTML utilise ce qu'on appelle des balises pour définir les éléments d'une page Web. Par exemple, un paragraphe est défini par les balises `<p>` et `</p>`. Une image est définie par la balise `<img>`, avec des attributs supplémentaires pour spécifier l'URL de l'image, sa taille, son alt texte (une description textuelle de l'image pour les utilisateurs de lecteurs d'écran), et d'autres informations.

Si vous ouvrez le code source d'une page Web (en général, vous pouvez le faire en faisant un clic droit n'importe où sur la page et en choisissant "Afficher le code source de la page" ou une option similaire), vous verrez une marée de balises HTML. Cela peut sembler intimidant au début, mais ne vous inquiétez pas. Une fois que vous aurez compris les bases, vous découvrirez que HTML est un langage remarquablement simple et logique.

Et voici le plus beau dans tout ça : vous n'avez pas besoin d'être un programmeur chevronné pour apprendre HTML. C'est un langage de balisage, pas un langage de programmation. Il n'y a pas de boucles, de variables, ou de fonctions compliquées à maîtriser. Si vous pouvez écrire une recette de cuisine ou donner des instructions pour aller d'un point A à un point B, alors vous pouvez écrire du HTML.

CSS : Habiller le Web

Maintenant que vous avez un squelette solide en HTML, il est temps de passer à la prochaine étape du processus de construction de votre site Web : lui donner une apparence attrayante avec CSS. CSS, ou

Cascading Style Sheets, est le langage qui donne du style à votre site Web. Il habille le squelette HTML, lui donne des couleurs, des formes, des animations et bien plus encore.

Si le HTML est le squelette de notre maison métaphorique, alors CSS est la peinture sur les murs, le mobilier dans les pièces, les tapis sur le sol. CSS prend la structure de base que nous avons définie avec HTML et l'habille avec des styles visuels pour rendre notre site Web attrayant et engageant.

CSS fonctionne en définissant des règles de style qui s'appliquent à des éléments HTML spécifiques. Par exemple, vous pouvez définir une règle CSS pour que tous les en-têtes de niveau 1 (balises `<h1>`) de votre site soient affichés en rouge. Ou vous pouvez définir une règle pour que toutes les images aient une bordure arrondie. Les possibilités sont pratiquement infinies.

CSS est également un outil incroyablement puissant pour le design responsive. Avec CSS, vous pouvez créer des sites Web qui s'adaptent automatiquement à la taille de l'écran du visiteur, garantissant que votre site a l'air fantastique que l'utilisateur soit sur un écran d'ordinateur de 27 pouces, un smartphone de 5 pouces, ou tout ce qui se trouve entre les deux.

Mais CSS n'est pas seulement un outil pour les designers. Il est aussi un outil précieux pour les développeurs front-end. Avec CSS, vous pouvez créer des animations élaborées, des effets de transition, des gradients complexes, et bien plus encore. En fait, beaucoup de choses que vous pourriez penser devoir faire avec JavaScript ou un autre langage de programmation peuvent souvent être faites plus efficacement avec CSS.

Néanmoins, CSS a une courbe d'apprentissage. Les concepts de base sont assez simples à comprendre, mais lorsque vous commencez à plonger dans des fonctionnalités plus avancées comme le positionnement, la flexbox, et la grille CSS, les choses peuvent devenir compliquées. Mais ne vous inquiétez pas. Nous sommes là pour vous guider à travers tout cela.

JavaScript : Animer le Web

Après avoir structuré notre site avec HTML et l'avoir habillé avec CSS, il est temps de lui donner de la vie. Comment ? En utilisant JavaScript. JavaScript est le langage qui anime le Web, le faisant passer d'une collection de pages statiques à une expérience interactive et dynamique.

Si le HTML est le squelette de notre maison et que le CSS est le design intérieur, alors JavaScript est l'électricité qui la fait fonctionner. Les lumières qui s'allument et s'éteignent, le thermostat qui ajuste la température, la télévision qui change de chaîne, toutes ces choses sont rendues possibles grâce à JavaScript.

JavaScript est un langage de programmation. Contrairement à HTML et CSS, qui sont des langages de balisage et de style, JavaScript vous permet de donner des instructions à votre ordinateur, de contrôler le comportement de votre site Web, de créer des éléments interactifs et bien plus encore.

JavaScript est incroyablement puissant. Avec JavaScript, vous pouvez faire des choses comme :

Créer des éléments interactifs, comme des boutons qui changent de couleur lorsque vous passez la souris dessus ou des formulaires qui vérifient que vous avez entré une adresse email valide.

Dynamiser votre site avec des animations, des transitions, et des effets visuels.

Charger du contenu sur votre site sans avoir à recharger toute la page (une technique appelée AJAX).

Créer des applications Web complexes, comme des jeux, des applications de chat en temps réel, des outils de dessin interactifs, et bien plus encore.

Mais JavaScript n'est pas seulement un outil pour les développeurs front-end. Avec l'avènement de Node.js (que nous aborderons dans un chapitre ultérieur), JavaScript a également fait son entrée dans le développement back-end, permettant aux développeurs de créer des serveurs Web, d'interagir avec des bases de données, et de réaliser d'autres tâches traditionnellement réservées à des langages comme PHP ou Ruby.

Cela dit, JavaScript a une courbe d'apprentissage plus raide que HTML ou CSS. C'est un langage de programmation complet, ce qui signifie qu'il y a des concepts plus avancés à comprendre, comme les variables, les boucles, les fonctions, les objets, et plus encore.

Projets et exemples pratiques

L a théorie seule ne suffit pas pour maîtriser les langages de développement Web. L'aspect le plus gratifiant et peut-être le plus essentiel de l'apprentissage du développement Web est la pratique. C'est là que vous utilisez HTML, CSS, et JavaScript pour créer quelque chose de tangible, quelque chose que vous pouvez montrer aux autres et dire : "Je l'ai fait". Dans cette section, nous allons mettre en pratique tout ce que nous avons appris jusqu'à présent à travers des projets et des exemples concrets.

Un Site Web Personnel Basique

Nous commencerons par un projet simple mais fondamental, la création d'un site Web personnel. C'est le genre de projet qui donne un aperçu immédiat de ce que vous avez appris. Nous aborderons la structure de base avec HTML, l'habillerons avec CSS et ajouterons une interaction de base avec JavaScript. Nous parlerons également de la façon de rendre votre site Web accessible et optimisé pour le référencement.

Un Blog Interactif

Ensuite, nous monterons d'un cran en construisant un blog interactif. Ce projet comprendra non seulement des articles de blog, mais aussi un formulaire de commentaires, une section "À propos de moi", et peut-être même une petite galerie de photos. Vous apprendrez à créer des layouts élaborés avec CSS, à manipuler le DOM avec JavaScript, et à gérer les formulaires et les entrées des utilisateurs.

Un Jeu Simple en Ligne

Pour notre troisième projet, nous allons plonger dans le monde passionnant des jeux en ligne. Nous créerons un jeu simple mais amusant qui pourra être joué directement dans le navigateur. Ce projet vous permettra d'explorer les aspects plus avancés de JavaScript, tels que l'animation, la gestion des événements, et la logique de jeu. Vous apprendrez comment créer des expériences interactives riches qui captivent les utilisateurs.

Un Mini E-commerce

Enfin, nous terminerons par un projet qui combine tout ce que nous avons appris jusqu'à présent : la création d'un mini-site de commerce électronique. Ce projet comprendra une galerie de produits, une page de détail du produit, un panier d'achat, et un formulaire de commande. Vous apprendrez comment gérer les données complexes avec JavaScript, comment créer des interfaces utilisateur attrayantes et intuitives avec CSS, et comment structurer efficacement votre site avec HTML.

Chacun de ces projets sera accompagné de plusieurs exemples concrets qui démontrent comment appliquer les concepts que vous avez appris. Vous verrez des exemples de bonnes et de mauvaises pratiques, des explications détaillées de pourquoi certaines approches fonctionnent mieux que d'autres, et des astuces et des conseils pour résoudre les problèmes courants que vous pourriez rencontrer.

Rappelez-vous, le but de ces projets n'est pas seulement de vous apprendre à coder, mais aussi à penser comme un développeur Web. Cela signifie non seulement savoir comment utiliser HTML, CSS, et JavaScript, mais aussi comprendre quand et pourquoi les utiliser, comment résoudre les problèmes et les défis qui se présentent, et comment continuer à apprendre et à vous améliorer tout au long de votre carrière.

Alors, enfilez vos gants de programmation. Il est temps de se mettre au travail.

Le Mystère du Développement Web Back-End

PHP et Python :
Les langages de serveur les plus populaires

S i le développement front-end est l'art de construire une maison, alors le développement back-end est la science de faire fonctionner tous les systèmes qui la soutiennent. Nous avons déjà examiné comment HTML, CSS et JavaScript peuvent être utilisés pour construire et animer l'interface utilisateur d'un site Web. Cependant, ces langages ne sont que la pointe de l'iceberg quand il s'agit de développement Web. En réalité, une grande partie du travail se fait en coulisses, sur le serveur, où des langages comme PHP et Python règnent en maître.

PHP : L'ancien gardien du Web

PHP, qui signifie PHP : Hypertext Preprocessor, est un langage de programmation côté serveur qui a été l'un des piliers du développement Web pendant plus de deux décennies. Créé en 1994, PHP a joué un rôle majeur dans la mise en place des premiers sites Web dynamiques. C'est le langage qui a rendu possible la création de sites comme Facebook et Wikipedia.

PHP est particulièrement apprécié pour sa simplicité et sa facilité d'intégration avec HTML. Avec PHP, vous pouvez facilement insérer du code de programmation dynamique directement dans votre code HTML. Cela signifie que vous pouvez créer des pages Web qui changent en fonction des actions de l'utilisateur, des conditions du serveur, ou d'autres facteurs.

Mais PHP n'est pas seulement pour les débutants. Il offre également une gamme de fonctionnalités avancées qui le rendent puissant et flexible pour les projets Web complexes. Par exemple, PHP a un excellent support pour les bases de données, ce qui le rend idéal pour la construction de sites Web qui nécessitent de stocker et de récupérer des informations, comme les sites de commerce électronique ou les réseaux sociaux.

Python : Le langage polyvalent

Si PHP est l'ancien gardien du Web, alors Python est le prodige polyvalent. Python n'est pas un langage de programmation spécifiquement dédié au Web comme PHP. C'est un langage de programmation généraliste qui est utilisé dans une variété de domaines, du développement Web à la science des données, en passant par l'apprentissage automatique.

Python a gagné en popularité dans le développement Web grâce à sa lisibilité, sa simplicité syntaxique et sa polyvalence. Il est souvent cité comme l'un des langages de programmation les plus faciles à apprendre, ce qui en fait un excellent choix pour les débutants.

Mais ne vous y trompez pas : Python est également un langage puissant et flexible qui est utilisé par certaines des plus grandes entreprises technologiques du monde, comme

Google, Instagram et Spotify. Il offre un support robuste pour les bases de données, une multitude de frameworks Web comme Django et Flask, et un large éventail de bibliothèques pour tout, de l'analyse de données à l'IA.

PHP vs Python : Qui choisir ?

Alors, lequel choisir entre PHP et Python pour le développement back-end ? Il n'y a pas de réponse unique à cette question. Le choix entre PHP et Python dépend de nombreux facteurs, notamment vos besoins spécifiques, votre niveau de confort avec chaque langage, et les ressources disponibles pour apprendre et obtenir de l'aide.

Node.js : JavaScript côté serveur

Il est incontestable que JavaScript est devenu le langage de programmation dominant pour le développement front-end. Grâce à ses puissantes capacités d'interactivité, il a révolutionné la façon dont nous interagissons avec les pages Web. Mais qu'en est-il du côté serveur ? C'est là que Node.js entre en jeu.

Node.js : Un changement de paradigme

Avant l'arrivée de Node.js, JavaScript était presque exclusivement utilisé côté client, pour améliorer l'interactivité et la dynamique des sites Web. Mais en 2009, le développeur Ryan Dahl a introduit Node.js, une plateforme qui permet d'exécuter JavaScript côté serveur. Cela a ouvert la voie à une toute nouvelle façon de créer des applications Web.

Node.js a changé la donne en permettant aux développeurs d'utiliser le même langage pour le développement front-end et back-end. Cela a un double avantage. Premièrement, cela réduit la nécessité de jongler entre différents langages et environnements de programmation. Deuxièmement, cela rend plus fluide le passage de l'information entre le client et le serveur, puisque les deux peuvent interpréter le même code.

Caractéristiques et avantages de Node.js

L'un des principaux avantages de Node.js est sa rapidité. Node.js utilise le moteur JavaScript V8 de Google Chrome, qui est conçu pour maximiser la rapidité et l'efficacité de JavaScript. De plus, Node.js est conçu pour être non bloquant et orienté événements, ce qui signifie qu'il peut gérer plusieurs requêtes simultanément sans ralentir.

Un autre avantage de Node.js est son écosystème. Node.js est livré avec npm, le gestionnaire de packages Node, qui est l'une des plus grandes bibliothèques de logiciels open source au monde. Avec npm, vous pouvez facilement installer et gérer des milliers de packages qui peuvent vous aider à développer votre application.

De plus, Node.js bénéficie d'une grande communauté de développeurs. Cela signifie qu'il y a une abondance de ressources disponibles pour vous aider à apprendre et à résoudre les problèmes. Cela inclut des tutoriels, des forums, des blogs, des livres, des cours, et plus encore.

Node.js est utilisé par de nombreuses grandes entreprises technologiques, y compris Netflix, LinkedIn et Uber. Il est particulièrement bien adapté aux applications Web en temps réel, comme les chats, les jeux en ligne, et les solutions de collaboration en temps réel.

Pour vous donner une idée de ce que vous pouvez accomplir avec Node.js, nous examinerons plusieurs exemples de projets que vous pouvez réaliser. Par exemple, nous verrons comment créer un serveur Web simple avec Node.js, comment manipuler des données de base de données, et comment créer une application Web en temps réel.

Il est important de noter que, bien que Node.js ait de nombreux avantages, il ne convient pas à toutes les situations. Par exemple, Node.js peut ne pas être le meilleur choix pour des applications lourdes en calcul ou pour des projets qui nécessitent un traitement multithread. Cependant, pour de nombreux types d'applications Web, Node.js offre une combinaison attrayante de rapidité, de flexibilité et de simplicité.

Les bases de données :
Le cerveau derrière le Web

Derrière chaque site Web interactif, il y a une base de données. Qu'il s'agisse de conserver les informations de profil des utilisateurs, de stocker les produits pour un site de commerce électronique, ou de garder une trace des publications sur un blog, les bases de données sont le cerveau qui permet à un site Web de fonctionner efficacement et intelligemment.

Qu'est-ce qu'une base de données ?

Une base de données est un ensemble organisé d'informations, ou de données, qui sont stockées de manière à pouvoir être facilement consultées, gérées et mises à jour. Les bases de données sont généralement conçues de manière à modéliser les aspects réels du monde, afin de soutenir des processus nécessitant des informations, tels que la gestion d'un site Web, la gestion d'une entreprise ou le suivi d'une collection.

Dans le cadre du développement Web, les bases de données sont essentielles pour stocker et gérer les données générées et utilisées par les applications Web. Elles peuvent stocker une variété d'informations, allant des détails de connexion des utilisateurs aux informations sur les produits, en passant par les publications de blog et bien plus encore.

SQL vs NoSQL : Un duel de titans

Il existe deux grands types de systèmes de gestion de bases de données (SGBD) : les bases de données SQL (ou relationnelles) et les bases de données NoSQL (ou non relationnelles).

Les bases de données SQL, comme MySQL, PostgreSQL et Oracle, sont basées sur une structure tabulaire rigide et nécessitent un schéma défini avant d'insérer des données. Elles sont parfaites pour les situations où vous avez besoin de relations complexes entre les données.

D'autre part, les bases de données NoSQL, comme MongoDB, Cassandra et Couchbase, sont plus flexibles et ne nécessitent pas de schéma prédéfini. Elles sont parfaites pour le stockage de grandes quantités de données non structurées, et sont plus adaptées à l'évolution rapide des applications Web.

Les bases de données en action

Il n'y a pas de meilleur moyen de comprendre le pouvoir des bases de données que de les voir en action. Dans cette section, nous verrons comment vous pouvez utiliser une base de données dans vos propres projets Web. Nous discuterons de sujets tels que la création de bases de données, l'insertion et la récupération de données, la mise à jour et la suppression de données, et la manière d'interagir avec une base de données en utilisant PHP, Python ou Node.js.

Cependant, avant de plonger tête baissée dans le code, il est important de comprendre les concepts fondamentaux qui sous-tendent les bases de données. Nous discuterons de concepts tels que les tables, les clés, les relations, et d'autres aspects importants des bases de données.

Le monde des bases de données peut sembler complexe et intimidant au début, mais une fois que vous avez compris les concepts de base, vous découvrirez qu'il s'agit d'un outil puissant et flexible qui peut grandement améliorer vos projets Web. Alors, préparez-vous à plonger dans le monde fascinant des bases de données, le cerveau derrière le Web.

Projets et exemples pratiques

A près avoir examiné les différents langages et technologies du développement web back-end, il est temps de passer à la pratique. Dans cette section, nous nous concentrerons sur quelques projets et exemples concrets qui vous permettront de mieux comprendre comment ces outils peuvent être utilisés dans la réalité. En mettant en pratique ce que vous avez appris, vous pourrez mieux comprendre comment ces pièces s'assemblent pour créer des applications web fonctionnelles.

Création d'une API REST avec Node.js

Le premier projet consistera à créer une API REST (Representational State Transfer) simple en utilisant Node.js et Express.js, un framework de développement web populaire pour Node.js. Les API REST sont un moyen courant de créer des services web qui peuvent être consommés par d'autres applications, et la maîtrise de cette technologie est une compétence essentielle pour tout développeur web back-end.

Dans ce projet, nous allons créer une API pour une application de gestion de tâches. Nous verrons comment mettre en place un serveur web, comment définir des routes et des contrôleurs, et comment interagir avec une base de données pour créer, lire, mettre à jour et supprimer des tâches.

Développement d'un blog avec PHP et MySQL

Ensuite, nous nous tournerons vers PHP et MySQL, deux technologies de développement web back-end largement utilisées. Pour ce projet, nous allons développer un blog simple. Cela implique la création d'une base de données pour stocker les publications du blog, la mise en place d'une interface pour ajouter et modifier des publications, et la création de pages pour afficher les publications.

Nous aborderons des concepts tels que la connexion à une base de données MySQL avec PHP, l'exécution de requêtes SQL pour interagir avec la base de données, et la création de vues pour afficher le contenu du blog. Ce projet vous donnera une bonne idée de la manière dont PHP et MySQL peuvent être utilisés pour créer des sites web dynamiques.

Manipulation de données avec Python et SQLite

Enfin, nous explorerons comment Python, un autre langage de programmation populaire pour le développement web back-end, peut être utilisé pour manipuler des données dans une base de données. Pour ce faire, nous utiliserons SQLite, une base de données SQL légère qui est parfaite pour les projets de petite à moyenne taille.

Dans ce projet, nous créerons un petit script Python pour interagir avec une base de données SQLite. Nous verrons comment exécuter des requêtes SQL pour insérer, récupérer, mettre à jour et supprimer des données. Nous explorerons également comment Python peut être utilisé pour analyser et visualiser ces données.

Ces projets vous donneront une expérience pratique précieuse avec les technologies de développement web back-end. Ils vous aideront à consolider votre compréhension de ces technologies et à acquérir de la confiance pour entreprendre vos propres projets. Alors, préparez-vous à retrousser vos manches et à coder !

L'Art de L'UX/UI Design

Les bases de l'UX : Concevoir pour l'utilisateur

Le design d'expérience utilisateur (UX) est un domaine qui va au-delà de la simple création de beaux visuels. C'est un processus de conception de produits numériques qui sont utiles, faciles à utiliser et agréables à l'utilisateur. L'objectif ultime de l'UX est de créer une expérience positive pour l'utilisateur lorsqu'il interagit avec un produit ou un service. Et pour y parvenir, nous devons d'abord comprendre les bases de l'UX.

Comprendre l'utilisateur

La première étape de tout processus de conception UX est de comprendre l'utilisateur. C'est l'utilisateur qui va interagir avec le produit que vous concevez, et c'est lui qui va finalement décider si votre produit est un succès ou un échec. Pour comprendre l'utilisateur, vous devez vous familiariser avec ses besoins, ses désirs, ses attentes et ses comportements.

Il existe plusieurs méthodes pour comprendre l'utilisateur, dont l'une des plus courantes est la recherche utilisateur. Cela peut impliquer des interviews, des enquêtes, des observations, des tests d'utilisabilité, et bien d'autres méthodes. L'important est de rassembler autant d'informations que possible sur l'utilisateur pour pouvoir concevoir un produit qui répond à ses besoins.

Créer des personas

Une fois que vous avez recueilli suffisamment d'informations sur l'utilisateur, la prochaine étape est de créer des personas. Un persona est une représentation fictive mais réaliste d'un utilisateur typique de votre produit. Il s'agit d'un outil précieux pour aider à visualiser l'utilisateur et à maintenir une perspective centrée sur l'utilisateur tout au long du processus de conception.

Définir l'expérience utilisateur

Une fois que vous avez une bonne compréhension de l'utilisateur, la prochaine étape est de définir l'expérience utilisateur. Cela implique de définir le parcours de l'utilisateur, les points de contact, les interactions, et toute autre chose qui peut affecter l'expérience de l'utilisateur.

Il est important de noter que l'expérience utilisateur ne se limite pas à l'interface utilisateur. Elle englobe tous les aspects de l'interaction de l'utilisateur avec un produit, y compris la façon dont il le découvre, comment il l'acquiert, comment il l'utilise, et même comment il le jette ou le met à jour.

Créer des prototypes et les tester

Ensuite, vous allez créer des prototypes de votre produit et les tester avec des utilisateurs réels. C'est une étape cruciale, car elle vous permet de vérifier vos hypothèses et de voir comment les utilisateurs réagissent réellement à votre produit.

Il est important de noter que l'UX est un processus itératif. Cela signifie que vous allez probablement passer par plusieurs cycles de conception, de prototypage et de test avant d'arriver à un produit final qui satisfait l'utilisateur.

La conception UX est un processus centré sur l'utilisateur qui implique une compréhension approfondie de l'utilisateur, la création de personas, la définition de l'expérience utilisateur, la création de prototypes et les tests. Il s'agit d'un processus itératif qui vise à créer un produit qui est non seulement fonctionnel et esthétiquement agréable, mais aussi agréable à utiliser.

N'oubliez pas que la clé de la conception UX est l'empathie. En comprenant réellement l'utilisateur et en vous mettant à sa place, vous pouvez concevoir des produits qui répondent à ses besoins et surpassent ses attentes.

Les principes de l'UI : Beauté et fonctionnalité

L'interface utilisateur (UI) est le point de contact entre l'utilisateur et l'ordinateur ou le dispositif numérique. Elle détermine comment un utilisateur interagit avec un système, que ce soit un site web, une application mobile ou un logiciel. En tant que telle, une interface utilisateur bien conçue est essentielle pour une expérience utilisateur réussie. Dans cette section, nous allons explorer les principes fondamentaux de la conception de l'interface utilisateur.

Clarté

La clarté est peut-être le principe le plus important de la conception de l'interface utilisateur. L'interface utilisateur doit être claire et compréhensible dès le premier regard. L'utilisateur doit être capable de comprendre comment utiliser le système sans avoir besoin de mode d'emploi. Pour cela, utilisez des éléments d'interface familiers, organisez l'information de manière logique, utilisez des labels et des instructions claires, et évitez toute ambiguïté.

Conformité

L'interface utilisateur doit être cohérente dans tout le système. Cela signifie que les éléments similaires doivent avoir la même apparence et se comporter de la même manière. Cette cohérence aide à rendre l'interface prévisible et facile à comprendre. Utilisez des conventions et des standards largement acceptés, et n'innovez que lorsque cela améliore vraiment l'expérience utilisateur.

Réponse

L'interface utilisateur doit donner un retour immédiat et approprié à chaque action de l'utilisateur. Ce feedback peut prendre de nombreuses formes, comme des animations, des vibrations, des sons, etc. Le feedback donne à l'utilisateur la certitude que le système a reconnu son action et aide à prévenir l'incertitude et la frustration.

Tolérance aux erreurs

L'interface utilisateur doit être tolérante aux erreurs. Cela signifie qu'elle doit aider à prévenir les erreurs autant que possible, et lorsqu'une erreur se produit, elle doit aider l'utilisateur à la comprendre et à la corriger. Pour cela, utilisez des confirmations avant les actions destructives, des messages d'erreur clairs et utiles, et la possibilité d'annuler ou de rétablir les actions.

Esthétique

Enfin, l'interface utilisateur doit être esthétiquement plaisante. Une belle interface n'est pas seulement agréable à regarder, elle peut aussi améliorer l'utilisabilité et l'expérience utilisateur. Choisissez soigneusement les couleurs, les typographies et les images, et utilisez l'espace blanc pour donner de la respiration à votre design.

La conception de l'interface utilisateur est un art et une science. Elle nécessite une compréhension approfondie de l'utilisateur, une attention aux détails, et une sensibilité esthétique. En suivant ces principes de base, vous pouvez concevoir des interfaces qui sont non seulement belles, mais aussi fonctionnelles et agréables à utiliser. Rappelez-vous que le but ultime de la conception de l'interface utilisateur est de faciliter l'interaction entre l'utilisateur et le système, et de rendre cette interaction aussi agréable et efficace que possible.

Les outils de conception : De l'idée à la réalité

La création d'une interface utilisateur est un processus complexe qui nécessite une planification minutieuse et une bonne connaissance des outils de conception. Qu'il s'agisse d'ébaucher vos premières idées, de créer des wireframes détaillés ou de concevoir des prototypes interactifs, les bons outils peuvent faire toute la différence.

Dans cette section, nous explorerons certains des outils de conception les plus populaires et comment ils peuvent vous aider à transformer vos idées en réalité.

Sketch

Sketch est un outil de conception vectorielle largement utilisé pour la conception d'interfaces utilisateur. Il offre un large éventail de fonctionnalités, y compris des grilles et des guides, des styles réutilisables, des symboles pour créer des éléments d'interface réutilisables, et la possibilité de créer des prototypes interactifs. Sketch est particulièrement populaire parmi les concepteurs d'interfaces pour sa simplicité et son efficacité.

Adobe XD

Adobe XD est un outil de conception et de prototypage qui fait partie de la suite Creative Cloud d'Adobe. Il offre une intégration étroite avec d'autres outils Adobe tels que Photoshop et Illustrator, ce qui peut être un grand avantage si vous êtes déjà familier avec ces outils. Adobe XD permet de créer des designs, des wireframes, des prototypes interactifs et même des animations.

Figma

Figma est un outil de conception basé sur le cloud qui permet la collaboration en temps réel. Cela signifie que plusieurs personnes peuvent travailler sur le même design en même temps, ce qui est idéal pour les équipes de conception. Figma offre un large éventail de fonctionnalités, y compris la vectorisation, le prototypage et le partage de designs.

InVision

InVision est un outil de prototypage qui permet de créer des designs interactifs et animés. Il est particulièrement bon pour la création de transitions et d'animations détaillées. Avec InVision, vous pouvez transformer vos designs statiques en prototypes interactifs et les tester sur différents appareils.

Balsamiq

Balsamiq est un outil de wireframing qui se concentre sur la simplicité et la rapidité. Il offre un large éventail de composants d'interface préconçus et vous permet de créer des wireframes rapidement et facilement. Balsamiq est particulièrement utile lors des premières étapes de la conception, lorsque vous voulez rapidement mettre vos idées sur papier et les partager avec votre équipe.

Il existe de nombreux outils de conception disponibles, et le meilleur pour vous dépendra de vos besoins spécifiques, de votre budget et de vos préférences personnelles. Il est important de noter que l'outil lui-même n'est pas le facteur le plus important pour une bonne conception. Le plus important est votre capacité à comprendre les besoins de l'utilisateur et à concevoir des solutions qui répondent à ces besoins. Les outils ne sont que des moyens pour vous aider à réaliser votre vision.

Marvel

Marvel est un outil de prototypage qui permet aux concepteurs de transformer leurs idées en produits d'interface utilisateur réalistes. Avec Marvel, vous pouvez créer des wireframes, des maquettes et des prototypes, le tout dans un seul endroit. C'est un excellent outil pour les équipes qui ont besoin de collaborer sur un projet de conception.

Axure RP

Axure RP est une plateforme de prototypage puissante qui offre un large éventail de fonctionnalités, notamment le prototypage d'interactions complexes, l'animation et la création de documents de spécifications. Il est particulièrement utile pour les concepteurs qui travaillent sur des projets complexes et qui ont besoin de beaucoup de contrôle sur les détails.

Zeplin

Zeplin est un outil de collaboration pour les concepteurs et les développeurs. Il vous permet de partager vos designs avec votre équipe, de les annoter et de les inspecter pour obtenir le code CSS, Swift ou Android. Zeplin peut être un gain de temps précieux lors de la phase de développement.

Lorsqu'il s'agit de choisir les bons outils de conception, il est important de prendre en compte votre flux de travail, les besoins de votre équipe et les spécificités de votre projet. Souvent, une combinaison de plusieurs outils offre la meilleure solution. Alors n'hésitez pas à expérimenter et à trouver l'ensemble d'outils qui fonctionne le mieux pour vous.

La conception d'interfaces utilisateur ne se limite pas à la création de beaux écrans. C'est un processus de résolution de problèmes qui nécessite de l'empathie, de la créativité et une bonne dose de persévérance. Avec les bons outils et une solide compréhension des principes de l'UX et de l'UI, vous pouvez créer des produits qui non seulement résolvent les problèmes des utilisateurs, mais aussi leur apportent de la joie et de la satisfaction. Rappelez-vous, concevoir une grande interface utilisateur n'est pas seulement une question d'esthétique, c'est aussi une question de créer une expérience mémorable pour vos utilisateurs.

Projets et exemples pratiques

L'apprentissage par la pratique est l'une des meilleures méthodes pour comprendre les concepts de l'UX/UI design. Dans cette partie, nous explorerons certains projets pratiques et exemples réels qui aideront à mettre en perspective les concepts présentés jusqu'à présent. Ces projets seront aussi une excellente occasion de mettre en pratique les différents outils de conception que nous avons explorés.

Projet Conception d'une Application de Musique

La conception d'une application de musique est un excellent projet pour commencer. Elle vous permettra de concevoir une variété de fonctionnalités, telles que la liste de lecture, le lecteur de musique, la recherche de chansons, et plus encore. Considérez les aspects suivants pour ce projet :

Recherche d'utilisateurs : Qui sont les utilisateurs cibles de cette application ? Quels sont leurs besoins et leurs désirs en matière de musique ? Quelles fonctionnalités recherchent-ils dans une application de musique ?

Wireframes : Commencez par esquisser des wireframes de base pour chaque écran de l'application. Cela vous aidera à visualiser l'architecture de l'information et à planifier la disposition des différents éléments.

Prototypage : Utilisez un outil de conception pour transformer vos wireframes en prototypes interactifs. Essayez d'incorporer des animations et des transitions pour améliorer l'expérience utilisateur.

Tests d'utilisabilité : Testez votre prototype avec de vrais utilisateurs pour obtenir des retours. Quels aspects de l'application ont-ils aimé ? Quels étaient leurs problèmes ? Utilisez ces informations pour améliorer votre design.

Refonte d'un Site Web Existant

Un autre projet intéressant pourrait être de prendre un site web existant et de le refaire. Ce projet vous donnera l'occasion de pratiquer vos compétences en UI et en UX dans un contexte réel. Voici comment vous pourriez aborder ce projet :

Analyse du Site Web Actuel : Commencez par évaluer le site web actuel. Quels sont ses points forts et ses points faibles en termes d'UX et d'UI ? Quels aspects pourraient être améliorés ?

Création de Personas : Créez des personas pour représenter les utilisateurs typiques du site web. Quels sont leurs besoins et leurs objectifs ? Comment le site web peut-il les aider à atteindre ces objectifs ?

Conception de Wireframes et de Prototypes : Utilisez les informations que vous avez recueillies pour concevoir de nouveaux wireframes et prototypes pour le site web. Essayez d'améliorer l'architecture de l'information, l'interaction utilisateur et l'esthétique visuelle.

Test d'Utilisabilité : Tout comme pour le premier projet, testez votre nouveau design avec de vrais utilisateurs. Utilisez leurs commentaires pour affiner et améliorer le design.

Ces projets ne sont que des exemples de ce que vous pourriez faire pour pratiquer vos compétences en UX/UI. Il y a littéralement des milliers de projets potentiels disponibles, le monde est votre terrain de jeu de design. Le but est de vous donner une expérience pratique et de vous aider à comprendre comment les principes de l'UX/UI s'appliquent dans des situations réelles. Alors n'hésitez pas à faire preuve de créativité et à vous lancer dans vos propres projets. Après tout, la meilleure façon d'apprendre est de faire !

SEO : Le Guide du Far West du Web

Comprendre le SEO :
Plus qu'un simple buzzword

D ans le vaste monde du web, il existe une frontière sauvage et souvent incomprise : le domaine du référencement naturel ou SEO (Search Engine Optimization). C'est un territoire où les règles changent constamment, où les erreurs peuvent coûter cher et où le succès peut transformer une petite entreprise en un leader de l'industrie. Dans cette section, nous allons démystifier le SEO, montrer pourquoi il est bien plus qu'un simple buzzword et expliquer comment vous pouvez l'utiliser pour atteindre vos objectifs en ligne.

L'un des plus grands malentendus à propos du SEO est qu'il s'agit simplement de tricher le système, de trouver des moyens de tromper les moteurs de recherche pour obtenir un meilleur classement. Ce n'est pas le cas. Le SEO n'est pas une astuce ou un tour de passe-passe. C'est une stratégie à long terme qui consiste à créer un site web de qualité qui répond aux besoins des utilisateurs et respecte les directives des moteurs de recherche. C'est un équilibre entre la technologie et la psychologie, entre la compréhension des algorithmes des moteurs de recherche et celle des intentions et des comportements des utilisateurs.

Pour comprendre le SEO, il faut d'abord comprendre comment fonctionnent les moteurs de recherche. Les moteurs de recherche, comme Google, Bing ou Yahoo, utilisent des algorithmes complexes pour analyser et indexer le web. Ils explorent le web, suivent les liens entre les pages et les sites, et utilisent ce qu'ils trouvent pour créer un index gigantesque du web. Lorsqu'un utilisateur effectue une recherche, l'algorithme du moteur de recherche trie cet index pour trouver les pages les plus pertinentes et les plus utiles en fonction de la requête de l'utilisateur.

C'est là que le SEO entre en jeu. Le but du SEO est de rendre votre site web facile à trouver, à comprendre et à indexer par les moteurs de recherche. Cela implique une variété de tactiques, y compris l'optimisation des mots-clés, la création de contenu de qualité, l'amélioration de la performance du site, le renforcement des liens entrants, et bien d'autres choses encore. Mais au cœur de toutes ces tactiques, il y a une idée fondamentale : créer le meilleur site web possible pour les utilisateurs.

Le SEO est important parce que, dans le monde d'aujourd'hui, la majorité du trafic en ligne passe par les moteurs de recherche. Les gens utilisent les moteurs de recherche pour trouver des informations, faire des achats, découvrir de nouvelles entreprises, et bien plus encore. Si votre site web n'est pas optimisé pour les moteurs de recherche, vous manquez une énorme opportunité d'atteindre ces utilisateurs.

En fin de compte, le SEO est une question de visibilité. Il ne suffit pas d'avoir un grand site web si personne ne peut le trouver. Le SEO vous aide à vous démarquer dans l'océan d'informations qu'est le web, à attirer l'attention des utilisateurs et des moteurs de recherche, et à diriger le trafic vers votre site. C'est un investissement à long terme dans la santé et le succès de votre présence en ligne, et c'est un élément essentiel de toute stratégie web moderne.

Le pouvoir des mots-clés : Parler le langage des moteurs de recherche

Il existe une langue que parlent à la fois les moteurs de recherche et les utilisateurs du web : celle des mots-clés. Les mots-clés sont ces petits morceaux de texte que nous tapons dans la barre de recherche lorsque nous cherchons quelque chose sur le web. Ils sont aussi la pierre angulaire de la manière dont les moteurs de recherche interprètent et indexent le contenu du web. Pour communiquer efficacement avec les moteurs de recherche et atteindre votre public, vous devez comprendre et utiliser le pouvoir des mots-clés.

La première étape pour comprendre les mots-clés est de comprendre la psychologie de l'utilisateur. Chaque fois qu'un utilisateur tape une requête dans un moteur de recherche, il a une intention : il cherche une réponse à une question, une solution à un problème, ou un produit ou service à acheter. Les mots-clés qu'il utilise sont une expression de cette intention. En tant que créateur de contenu web, votre travail consiste à comprendre ces intentions et à y répondre avec votre contenu.

Par exemple, si vous dirigez une entreprise de réparation de vélos, vous devez comprendre les types de requêtes que les utilisateurs pourraient taper lorsqu'ils cherchent vos services. Ils pourraient chercher "réparation de vélo", "magasin de vélo", "réparation de pneu de vélo", et bien d'autres variantes. Comprendre ces mots-clés et les incorporer dans votre contenu peut aider votre site à apparaître dans les résultats de recherche lorsque les utilisateurs font ces requêtes.

Cependant, il ne suffit pas de bourrer votre site de mots-clés au hasard. Les moteurs de recherche sont de plus en plus sophistiqués et sont capables de reconnaître et de pénaliser ce qu'on appelle le "bourrage de mots-clés". Au lieu de cela, vous devez utiliser les mots-clés de manière naturelle et significative dans votre contenu. Vous devez également utiliser une variété de mots-clés liés à votre sujet, y compris des mots-clés de longue traîne, des phrases plus longues et plus spécifiques qui peuvent être moins compétitives, mais qui peuvent attirer un trafic très ciblé.

De plus, il est important de comprendre que tous les mots-clés ne sont pas créés égaux. Certains mots-clés sont très compétitifs, ce qui signifie qu'il y a beaucoup de sites qui tentent de se classer pour ces mots-clés. D'autres sont moins compétitifs, ce qui peut offrir des opportunités d'atteindre un classement élevé dans les résultats de recherche. Vous devrez donc effectuer une recherche de mots-clés pour identifier les mots-clés les plus pertinents et les plus efficaces pour votre site.

En fin de compte, les mots-clés sont un outil pour aider votre site à communiquer avec les moteurs de recherche et à atteindre votre public. Ils ne sont pas une solution miracle, mais une partie d'une stratégie SEO plus large qui implique la création de contenu de qualité, l'optimisation technique du site, la création de liens, et plus encore.

Comprendre et utiliser le pouvoir des mots-clés est une étape essentielle pour réussir dans le far west du web. Alors commencez à penser à la manière dont vous pouvez intégrer les mots-clés dans votre site de manière efficace et significative. Et n'oubliez pas : le SEO est une aventure, pas une destination. Alors, en selle et en avant !

Le SEO technique : Optimiser pour le Web

Maintenant que vous avez une compréhension de base du pouvoir des mots-clés, il est temps de plonger dans les aspects plus techniques du SEO. Le SEO technique fait référence à toutes les actions que vous pouvez entreprendre pour rendre votre site web plus facile à explorer et à indexer pour les moteurs de recherche. Il s'agit d'un ensemble de pratiques qui permettent d'améliorer l'infrastructure de votre site, de faciliter la navigation des robots des moteurs de recherche, et finalement, d'améliorer votre classement dans les résultats de recherche.

Commençons par comprendre comment fonctionne un moteur de recherche. Les moteurs de recherche, comme Google, utilisent des robots, également appelés crawlers ou spiders, pour explorer le web. Ces robots suivent les liens d'un site à l'autre, collectant et indexant des informations sur chaque page qu'ils trouvent. Cette information est ensuite stockée dans une énorme base de données, appelée index. Lorsqu'un utilisateur tape une requête dans le moteur de recherche, celui-ci fouille dans son index et utilise un algorithme complexe pour renvoyer les résultats les plus pertinents.

C'est ici que le SEO technique entre en jeu. Il existe de nombreuses façons d'optimiser votre site pour faciliter le travail des robots des moteurs de recherche et augmenter la probabilité que votre site soit bien classé. Ces techniques comprennent :

Architecture du site et navigation

Une structure de site claire et une navigation facile à comprendre facilitent la tâche des robots des moteurs de recherche et des utilisateurs. Assurez-vous que votre site est bien organisé, avec des pages liées de manière logique.

URL SEO-friendly

Les URL qui sont courtes, descriptives et incluent des mots-clés peuvent aider les moteurs de recherche à comprendre le contenu de votre page et peuvent améliorer votre classement.

Balises Meta

Les balises meta fournissent des informations sur votre page aux moteurs de recherche. Les balises meta importantes comprennent le titre de la page, la description, et les balises d'en-tête (H1, H2, etc.). Ces balises doivent être descriptives, contenir des mots-clés pertinents et être uniques pour chaque page.

Sitemaps

Un sitemap est un fichier qui liste toutes les pages de votre site web. Il aide les robots des moteurs de recherche à trouver toutes les pages de votre site, en particulier si votre site est grand ou a beaucoup de contenu.

Fichiers robots.txt

Les fichiers robots.txt indiquent aux robots des moteurs de recherche quelles parties de votre site ils doivent explorer ou ignorer. Ils peuvent être utiles pour empêcher les robots d'indexer certaines parties de votre site qui ne sont pas pertinentes pour les utilisateurs ou qui contiennent des informations sensibles.

Optimisation des images

Les images peuvent être optimisées pour le SEO en utilisant des noms de fichiers descriptifs, en incluant des balises alt contenant des mots-clés, et en compressant les images pour améliorer la vitesse de chargement de la page.

Vitesse de chargement de la page

Les moteurs de recherche favorisent les sites qui se chargent rapidement. Vous pouvez améliorer la vitesse de chargement de votre site en optimisant vos images, en utilisant la mise en cache, en minimisant le CSS et le JavaScript, et en utilisant un réseau de distribution de contenu (CDN).

Sécurité du site

Un site sécurisé est essentiel pour gagner la confiance des utilisateurs et des moteurs de recherche. Assurez-vous que votre site utilise HTTPS, ce qui indique qu'il est sécurisé et crypté.

Ces techniques de SEO technique ne sont que la pointe de l'iceberg. Il existe de nombreuses autres stratégies que vous pouvez utiliser pour optimiser votre site pour les moteurs de recherche. Cependant, l'important est de se rappeler que le SEO technique ne doit pas se faire au détriment de l'expérience de l'utilisateur. Un site web bien conçu et facile à utiliser reste la clé d'un classement élevé dans les moteurs de recherche.

Alors, êtes-vous prêt à plonger dans le monde fascinant du SEO technique ? C'est un voyage qui nécessite de la patience, de la persévérance et beaucoup de curiosité. Mais le jeu en vaut la chandelle, car un site web bien optimisé peut attirer plus de trafic, générer plus de prospects et augmenter les conversions. Alors, enfilez votre casque de mineur, prenez votre pioche et préparez-vous à creuser dans le monde souterrain du SEO technique. Qui sait quels trésors vous y trouverez ?

Projets et exemples pratiques

Après avoir parcouru la théorie du SEO, il est temps de mettre ces connaissances en pratique. Le SEO est une science expérimentale, chaque site web est unique, ce qui signifie que ce qui fonctionne pour un site peut ne pas fonctionner pour un autre. Le seul moyen de vraiment comprendre et de maîtriser le SEO est de se lancer, de tester, d'apprendre de ses erreurs et d'ajuster sa stratégie en conséquence. Dans cette section, nous allons explorer quelques projets et exemples pratiques qui vous aideront à mieux comprendre le SEO et à commencer à l'appliquer à votre propre site web.

Audit SEO de votre site web

L'un des meilleurs moyens de comprendre comment le SEO fonctionne est de réaliser un audit SEO de votre propre site web. Un audit SEO est un processus d'évaluation de la convivialité de votre site web pour les moteurs de recherche. Il examine tous les éléments qui peuvent influencer le classement de votre site, tels que l'architecture du site, le contenu, les balises méta, les liens internes et externes, la vitesse de chargement des pages et bien d'autres.

Il existe de nombreux outils en ligne gratuits et payants qui peuvent vous aider à réaliser un audit SEO. Certains des outils les plus populaires incluent Google Search Console, SEMRush, MOZ, et Ahrefs. Ces outils peuvent vous donner un aperçu précieux de la manière dont votre site est perçu par les moteurs de recherche et peuvent vous aider à identifier les domaines qui nécessitent une amélioration.

Création d'un plan de mots-clés

Une autre activité pratique que vous pouvez entreprendre est de créer un plan de mots-clés pour votre site. Un plan de mots-clés est une liste des mots-clés que vous voulez cibler avec votre site. Ces mots-clés doivent être pertinents pour votre contenu, avoir un volume de recherche raisonnable et être en accord avec l'intention de recherche de votre public cible.

Pour créer un plan de mots-clés, commencez par faire une liste des sujets qui sont pertinents pour votre site. Ensuite, utilisez un outil de recherche de mots-clés pour trouver des mots-clés qui sont liés à ces sujets. Assurez-vous de prendre en compte la concurrence pour chaque mot-clé et l'intention de recherche des utilisateurs.

Optimisation d'une page pour le SEO

Une fois que vous avez un plan de mots-clés, choisissez un mot-clé et optimisez une page de votre site pour ce mot-clé. Cela comprend l'ajout du mot-clé dans le titre de la page, la balise meta description, l'URL de la page, les balises d'en-tête, et le corps du texte. Assurez-vous que l'utilisation du mot-clé est naturelle et ne nuit pas à la qualité du contenu.

Suivi de votre performance SEO

Enfin, il est important de suivre la performance de votre SEO. Cela vous aidera à comprendre si vos efforts sont fructueux et à ajuster votre stratégie en conséquence. Vous pouvez suivre votre performance SEO en utilisant des outils tels que Google Search Console, Google Analytics, ou des outils SEO tiers. Faites attention aux métriques telles que votre classement pour certains mots-clés, le trafic organique de votre site, et le taux de rebond.

Ces projets et exemples pratiques ne sont que le début de votre voyage SEO. En expérimentant, en apprenant et en ajustant votre stratégie, vous pourrez progressivement améliorer votre SEO et faire de votre site un champion des moteurs de recherche. Prêt à relever le défi ? Alors, mettons la main à la pâte !

L'Accessibilité Web :
Un Web Pour Tous

Comprendre l'accessibilité : Un droit pour tous

L'accessibilité web peut sembler une affaire complexe, réservée à un petit nombre d'initiés. Pourtant, il s'agit d'un principe fondamental, d'une démarche de respect et de considération envers tous les utilisateurs d'Internet, quels que soient leurs capacités physiques, cognitives ou technologiques. Bien plus qu'une simple obligation légale ou un ensemble de contraintes techniques, l'accessibilité web est avant tout une question d'égalité et de dignité.

Qu'est-ce que l'accessibilité web ? En un mot, c'est l'assurance que tous, sans exception, peuvent utiliser et profiter du Web. Il ne s'agit pas seulement des personnes handicapées, bien que cela soit une préoccupation majeure, mais de tous ceux qui peuvent rencontrer des obstacles dans leur navigation : personnes âgées, utilisateurs de technologies obsolètes, personnes dans des environnements difficiles (faible bande passante, éclairage inadéquat, bruit de fond), etc.

L'accessibilité web n'est pas une invention récente. Elle est présente dès les origines du Web, inscrite dans la vision de Tim Berners-Lee, inventeur du World Wide Web. "Le pouvoir du Web réside dans son universalité", déclarait-il. "L'accès par tous, quels que soient le handicap ou la technologie, est un aspect essentiel".

Malheureusement, cette vision universelle est souvent oubliée dans la frénésie de l'innovation et du design. Les concepteurs de sites web, obsédés par les dernières tendances ou les fonctionnalités flashy, peuvent négliger les utilisateurs qui ne peuvent pas profiter de ces ajouts. Les décideurs, soucieux de minimiser les coûts et les délais, peuvent être tentés de faire l'impasse sur l'accessibilité.

Cette négligence a un coût. Elle exclut des millions d'utilisateurs potentiels, empêchant des personnes d'accéder à des informations, des services ou des opportunités qui sont de plus en plus essentiels dans notre société numérique. Elle expose les propriétaires de sites web à des sanctions juridiques, de plus en plus courantes à mesure que les lois sur l'accessibilité se durcissent à travers le monde. Elle peut également nuire à la réputation des organisations, à une époque où l'inclusion et la responsabilité sociale sont des valeurs hautement valorisées.

Alors, comment faire du Web un espace véritablement accessible à tous ? Il n'y a pas de solution magique ou de formule secrète. L'accessibilité web est une tâche exigeante, un processus continu qui nécessite une attention constante et une volonté de se remettre en question. Cela commence par la compréhension et l'acceptation de l'idée que l'accessibilité est un droit pour tous, et non un privilège pour quelques-uns.

N'oubliez jamais que l'accessibilité est plus qu'une série de cases à cocher : c'est une question d'empathie, de respect et d'égalité.

Les directives d'accessibilité : Des règles pour un Web inclusif

Maintenant que nous comprenons l'importance fondamentale de l'accessibilité web, plongeons dans le monde des directives d'accessibilité. Ces règles, développées par le W3C (World Wide Web Consortium), constituent le cœur de l'accessibilité web et offrent une ligne de conduite claire pour rendre nos sites accessibles à tous.

Les Directives pour l'accessibilité des contenus web, plus communément connues sous le nom de WCAG (Web Content Accessibility Guidelines), sont un ensemble de recommandations élaborées dans le but de rendre le contenu web plus accessible, notamment pour les personnes handicapées. Elles couvrent une large gamme de recommandations pour rendre le contenu web plus accessible.

Les WCAG sont divisées en trois niveaux d'accessibilité : A (le plus bas), AA et AAA (le plus élevé). Ces niveaux reflètent le degré d'accessibilité d'un site web, avec le niveau AAA qui offre le plus haut degré d'accessibilité. Pour chaque niveau, il existe des critères de réussite spécifiques à atteindre. Cependant, atteindre le niveau AAA n'est pas toujours réaliste pour tous les sites web. Le niveau AA est généralement considéré comme un bon compromis entre l'accessibilité et la faisabilité.

Les WCAG sont basées sur quatre principes fondamentaux, souvent appelés les "quatre piliers" de l'accessibilité. Un site web accessible doit être :

Perceptible

Les informations et les composants de l'interface utilisateur doivent être présentés aux utilisateurs de manière qu'ils puissent les percevoir. Cela signifie que toute information non textuelle (comme les images, les graphiques et les vidéos) doit avoir une alternative textuelle pour ceux qui ne peuvent pas la voir.

Utilisable

Les composants de l'interface utilisateur et la navigation doivent être utilisables. En d'autres termes, toutes les fonctionnalités du site doivent être accessibles via le clavier pour les personnes qui ne peuvent pas utiliser une souris. De plus, les utilisateurs doivent avoir suffisamment de temps pour lire et utiliser le contenu.

Compréhensible

Les informations et l'exploitation de l'interface utilisateur doivent être compréhensibles. Cela signifie que le contenu doit être lu et compris, et que l'interface ne doit pas provoquer d'erreurs de navigation.

Robuste

Le contenu doit être suffisamment robuste pour être interprété de manière fiable par une grande variété d'agents utilisateurs, y compris les technologies d'assistance. En d'autres termes, votre site doit rester accessible même lorsque de nouvelles technologies et de nouvelles normes apparaissent.

Maintenant, vous vous demandez peut-être : "C'est beaucoup à intégrer, par où commencer ?" Heureusement, il existe des outils qui peuvent vous aider à vérifier l'accessibilité de votre site, et des ressources pour vous guider dans le respect des directives WCAG. De plus, il est important de se rappeler que l'accessibilité est un voyage, et non une destination. Il ne s'agit pas de rendre votre site parfaitement accessible du jour au lendemain, mais de s'engager dans un processus continu d'amélioration de l'accessibilité.

Techniques d'accessibilité : Construire pour tous

Il est facile de se perdre dans l'océan des directives et des règles d'accessibilité, mais ne vous inquiétez pas. Dans cette section, nous allons aborder certaines des techniques d'accessibilité les plus courantes que vous pouvez utiliser pour rendre votre site web plus accessible. Rappelons-nous que l'accessibilité n'est pas seulement une liste de tâches à cocher ; il s'agit de comprendre et de respecter les besoins des utilisateurs de tous horizons.

Alternatives Textuelles

L'une des techniques d'accessibilité les plus élémentaires consiste à fournir des alternatives textuelles pour tout contenu non textuel. Cela signifie que chaque image, vidéo, ou autre élément multimédia sur votre site doit avoir une description textuelle qui peut être lue par un lecteur d'écran. Cette description devrait offrir un équivalent au contenu non textuel, permettant aux personnes qui ne peuvent pas le voir de comprendre son message. Par exemple, une image d'un chien courant dans un parc pourrait avoir une alternative textuelle comme "Un golden retriever courant joyeusement dans un parc ensoleillé".

Navigation au clavier

Une autre technique d'accessibilité essentielle est de garantir que tout votre site web peut être navigué au clavier. Certaines personnes ne peuvent pas utiliser une souris et dépendent du clavier pour naviguer sur le web. Cela signifie que tous les éléments interactifs de votre site, tels que les liens, les boutons et les formulaires, doivent être accessibles et utilisables avec le clavier seul.

Contraste de couleur

Le contraste de couleur est un aspect crucial de l'accessibilité qui est souvent négligé. Un contraste de couleur insuffisant entre le texte et l'arrière-plan peut rendre le texte difficile à lire pour les personnes ayant une déficience visuelle ou une vision en couleur. Les WCAG recommandent un ratio de contraste d'au moins 4.5 :1 pour le texte normal et de 3 :1 pour le texte en gros.

Lisibilité du texte

En plus du contraste de couleur, il est important de s'assurer que le texte est facile à lire. Cela signifie utiliser des polices claires et lisibles, éviter les petits corps de texte, et maintenir une mise en page claire et ordonnée.

Structure de la page claire

Une structure de page claire et logique peut faire une énorme différence pour l'accessibilité. Cela signifie utiliser correctement les balises HTML pour indiquer les titres (h1, h2, h3, etc.), les listes, les paragraphes et d'autres éléments de la page. Cela aide non seulement les lecteurs d'écran à comprendre la structure de votre page, mais aussi tous les utilisateurs à naviguer plus facilement sur votre site.

Contrôles accessibles

Enfin, tous les contrôles interactifs de votre site, tels que les boutons, les liens et les formulaires, doivent être clairement identifiables et facilement utilisables. Cela signifie utiliser des labels clairs, éviter les éléments qui clignotent ou bougent de manière incontrôlable, et garantir que les erreurs de formulaire sont clairement signalées et expliquées.

Ces techniques ne sont que le début de votre voyage vers l'accessibilité. Chaque technique est comme un fil qui, une fois tissé avec les autres, forme la toile de l'accessibilité. Mais rappelez-vous, l'accessibilité n'est pas une destination, c'est un voyage. Et ce voyage commence par une seule étape : celle de construire pour tous.

Projets et exemples pratiques

Rien de tel que la pratique pour vraiment comprendre l'accessibilité web. Dans cette section, nous allons explorer quelques projets et exemples concrets qui vous permettront de voir comment ces principes d'accessibilité peuvent être appliqués dans le monde réel.

Un Blog Accessible

Imaginez que vous créez un blog personnel. Vous souhaitez partager vos pensées et vos idées avec le monde, mais vous voulez aussi vous assurer que tout le monde peut accéder à vos écrits, quelles que soient ses capacités. Comment intégrez-vous les principes d'accessibilité que nous avons discutés dans votre conception ?

Pour commencer, vous veilleriez à ce que toutes les images sur votre site aient des alternatives textuelles appropriées. Par exemple, si vous avez une photo de profil, vous pourriez inclure une brève description de vous-même. Si vous publiez une photo d'un voyage récent, vous pourriez décrire la scène pour ceux qui ne peuvent pas la voir.

Ensuite, vous vous assureriez que votre site est entièrement navigable au clavier. Vous vérifieriez que chaque lien et chaque bouton peut être atteint en utilisant la touche Tab et que la touche Entrée peut être utilisée pour activer ces éléments.

Concernant le design, vous opteriez pour des couleurs contrastées pour assurer une bonne lisibilité et vous utiliseriez une police claire et suffisamment grande pour votre texte. De plus, vous structureriez vos articles de manière logique, en utilisant des titres et des sous-titres pour diviser le texte et faciliter la lecture.

Site de Commerce Électronique Accessible

Prenons l'exemple d'un site de commerce électronique. Un tel site comporterait de nombreuses images de produits, des descriptions de produits, des boutons d'achat et des formulaires de paiement. Chacun de ces éléments nécessite une attention particulière en matière d'accessibilité.

Pour les images de produits, des descriptions alternatives textuelles seraient fournies. Par exemple, une image d'un pull en laine pourrait avoir une description comme "Pull en laine bleu marine à col rond".

Pour les boutons d'achat, il est crucial qu'ils soient clairement identifiables et faciles à utiliser. Ils devraient être navigables au clavier et avoir des labels clairs. De plus, il serait utile d'inclure des indications sur ce qui se passe après avoir cliqué sur le bouton, par exemple en indiquant que l'utilisateur sera dirigé vers une page de paiement.

Enfin, les formulaires de paiement doivent être clairement structurés et les erreurs doivent être clairement signalées. Par exemple, si un utilisateur oublie d'entrer son numéro de carte de crédit, le site pourrait mettre en évidence le champ manquant en rouge et afficher un message indiquant "Veuillez entrer votre numéro de carte de crédit".

Ces exemples sont simplistes, mais ils vous donnent une idée de la façon dont les principes d'accessibilité peuvent être intégrés dans des projets réels. En les mettant en pratique, vous commencerez à voir l'accessibilité non comme une liste de tâches à accomplir, mais comme une partie intégrante de votre processus de conception. Et à mesure que votre compréhension de l'accessibilité s'approfondira, vous verrez que l'accessibilité n'est pas seulement une question de conformité, c'est une question de respect de vos utilisateurs et de création d'un web qui est véritablement pour tous.

Sécurité Web : Protéger votre Forteresse Numérique

Les menaces du Web : Pirates, bots et autres dangers

Ah, le Web ! C'est un monde d'opportunités infinies, de découvertes inimaginables, et malheureusement, de menaces potentiellement dévastatrices. Au fur et à mesure que le Web a évolué, les menaces qui l'accompagnent ont également évolué. Comme les propriétaires de forteresses médiévales qui ont dû se préparer à toute éventualité, les créateurs de sites Web doivent aujourd'hui être conscients des divers dangers qui menacent leur présence en ligne. Pirates, bots malveillants, attaques par déni de service, hameçonnage... Le vocabulaire de la sécurité web est aussi sombre que complexe. Mais ne craignez rien ! Comme tout bon général, une bonne connaissance de l'ennemi est la première étape vers la victoire.

Les Pirates

Le pirate informatique, ou hacker, est probablement le premier danger qui vient à l'esprit lorsqu'on pense à la cybersécurité. Les pirates peuvent chercher à s'introduire dans votre site pour de nombreuses raisons, comme le vol d'informations, la destruction de votre contenu, ou simplement pour le plaisir de créer le chaos. Les pirates peuvent utiliser une variété de méthodes pour s'infiltrer dans votre site, de l'exploitation de vulnérabilités dans votre code à l'utilisation de techniques d'ingénierie sociale pour tromper vos utilisateurs ou vous-même afin de divulguer des informations sensibles.

Les Bots Malveillants

Les bots sont des programmes automatiques qui peuvent accomplir des tâches répétitives à une vitesse beaucoup plus élevée que les humains. Alors que certains bots sont utiles (comme les bots d'indexation des moteurs de recherche), d'autres peuvent être nuisibles. Les bots malveillants peuvent lancer des attaques contre votre site, comme des attaques par force brute pour essayer de deviner les mots de passe, ou des attaques par déni de service qui surchargent votre serveur avec des demandes, rendant votre site inaccessible aux utilisateurs légitimes.

Les Attaques par Déni de Service (DDoS)

Une attaque par déni de service est une tentative de rendre un site web inaccessible en submergeant son serveur avec des demandes de trafic. Dans une attaque DDoS, ou attaque par déni de service distribué, le pirate utilise un réseau de machines compromises (appelé un botnet) pour lancer l'attaque, rendant plus difficile la défense contre celle-ci.

L'Hameçonnage (Phishing)

L'hameçonnage est une méthode utilisée par les cybercriminels pour tromper les utilisateurs afin qu'ils révèlent des informations sensibles, comme des mots de passe ou des numéros de carte de crédit. Cela se fait généralement en se faisant passer pour une entité de confiance, comme une banque ou un service de messagerie populaire, et en envoyant des messages qui incitent les utilisateurs à se connecter sur un faux site web qui ressemble au site réel.

En comprenant ces menaces, vous pouvez commencer à élaborer une stratégie pour protéger votre forteresse numérique. Mais ne vous inquiétez pas, tout comme les batailles d'autrefois, vous ne serez pas seul. Dans les sections suivantes, nous explorerons les outils et techniques que vous pouvez utiliser pour garder votre site en sécurité.

Les bases de la sécurité Web : Protéger votre site

Maintenant que nous avons identifié les différentes menaces qui pèsent sur votre forteresse numérique, il est temps de parler des armes à votre disposition pour vous défendre. Le bouclier et l'épée de votre arsenal de sécurité sont le code sécurisé, les mises à jour régulières, la gestion sécurisée des données utilisateur, la protection contre les attaques par déni de service et la sensibilisation à la sécurité.

Le Code Sécurisé

L'une des façons les plus efficaces de protéger votre site est de s'assurer que le code qui le constitue est sûr. Les failles de sécurité dans le code de votre site peuvent être exploitées par des pirates pour infiltrer votre site. Les bonnes pratiques de codage sécurisé comprennent l'écriture de code clair et bien organisé, la réalisation d'audits de sécurité du code, la connaissance et la protection contre les vulnérabilités courantes, et l'utilisation de bibliothèques et de cadres de travail mis à jour et sécurisés.

Mises à jour Régulières

Comme dans une véritable forteresse, les murs doivent être constamment réparés et renforcés. Dans le cas d'un site web, cela signifie garder votre site et tous ses composants (CMS, plugins, bibliothèques, serveur…) régulièrement mis à jour. Les mises à jour sont souvent publiées pour corriger des vulnérabilités de sécurité connues, il est donc crucial de les appliquer dès qu'elles sont disponibles.

Gestion Sécurisée des Données Utilisateur

Si vous collectez des données utilisateur sur votre site, comme des adresses e-mail, des mots de passe, ou des informations de paiement, il est de votre responsabilité de les protéger. Cela comprend la mise en œuvre de mesures de sécurité telles que le cryptage des données, l'utilisation de connexions sécurisées (HTTPS), et la limitation de l'accès aux données uniquement aux personnes et aux systèmes qui en ont besoin.

Protection contre les Attaques par Déni de Service

Pour vous protéger contre les attaques DDoS, vous pouvez utiliser des services spécialisés qui détectent et atténuent ces attaques. Ces services fonctionnent en absorbant et en filtrant le trafic vers votre site, ne laissant passer que le trafic légitime.

Sensibilisation à la Sécurité

Enfin, une part importante de la sécurité de votre site dépend de vous et de votre équipe. Soyez conscient des risques et des meilleures pratiques en matière de sécurité, comme ne jamais partager de mots de passe, toujours vérifier les sources des e-mails et des liens, et être prudent avec les informations que vous partagez en ligne.

Souvenez-vous, la sécurité est un processus continu et non un état final. Tout comme un général surveille constamment ses défenses et s'adapte aux nouvelles menaces, vous devez être vigilant et prêt à renforcer et à améliorer la sécurité de votre site.

Les techniques avancées de sécurité : Un pas en avant

Après avoir assimilé les bases de la sécurité web, il est temps d'entrer dans le vif du sujet avec des techniques plus avancées. Ces stratégies sont comme les soldats d'élite de votre armée, prêts à être déployés lorsque les défenses de base ne suffisent pas. Elles incluent l'authentification à deux facteurs, la surveillance en temps réel, l'encodage et la gestion des clés, les pare-feu et la sauvegarde régulière de vos données.

Authentification à deux facteurs

L'authentification à deux facteurs (2FA) est une technique qui ajoute une couche supplémentaire de sécurité lors de la connexion à votre site. Au lieu de simplement entrer un nom d'utilisateur et un mot de passe, l'utilisateur doit également fournir une autre forme de preuve de son identité, comme un code envoyé à son téléphone mobile. Cela rend beaucoup plus difficile l'accès non autorisé à votre site, même si le nom d'utilisateur et le mot de passe ont été compromis.

Surveillance en temps réel

La surveillance en temps réel de votre site web vous permet de détecter et de répondre rapidement aux menaces de sécurité. Cela comprend la surveillance du trafic sur votre site pour détecter les comportements suspects, comme une augmentation soudaine du trafic ou des tentatives répétées de connexion, ainsi que la surveillance de l'intégrité de votre code et de vos fichiers pour détecter toute modification non autorisée.

Encodage et Gestion des Clés

L'encodage est une technique qui permet de rendre les données illisibles à toute personne qui n'a pas la clé pour les déchiffrer. C'est une étape cruciale pour protéger les données sensibles, comme les informations de paiement ou les mots de passe des utilisateurs. La gestion des clés est tout aussi importante, car une clé perdue ou volée pourrait compromettre toutes les données qu'elle est censée protéger.

Pare-feu

Un pare-feu agit comme un gardien pour votre site web, contrôlant tout le trafic entrant et sortant et bloquant tout ce qui semble suspect. Il existe de nombreux types de pare-feu, depuis ceux intégrés à votre système d'exploitation jusqu'à ceux spécifiques aux applications web, qui peuvent bloquer les attaques ciblant spécifiquement les sites web.

Sauvegarde régulière de vos données

Malgré toutes ces mesures de sécurité, il est toujours possible qu'un désastre se produise. C'est pourquoi il est crucial de sauvegarder régulièrement votre site et toutes ses données. En cas de problème, vous pourrez alors restaurer une version précédente de votre site sans perdre toutes vos informations.

Avec ces techniques avancées en main, vous êtes prêt à défendre votre forteresse numérique contre même les attaques les plus sophistiquées. Mais rappelez-vous : la sécurité web n'est pas une destination, mais un voyage. Toujours rester à jour sur les dernières menaces et techniques de sécurité est la clé pour maintenir votre site sûr et sécurisé.

Projets et Exemples Pratiques

Comme pour toute compétence, la meilleure façon d'apprendre la sécurité web est de la mettre en pratique. Dans cette section, nous allons explorer quelques projets et exemples concrets qui vous permettront d'appliquer les principes et les techniques que nous avons discutés précédemment.

Mettre en place l'Authentification à Deux Facteurs (2FA)

La première chose que vous pourriez envisager est d'implémenter l'authentification à deux facteurs sur un site existant ou un nouveau projet. Cela peut se faire en utilisant des services comme Google Authenticator ou Authy, qui offrent des API que vous pouvez intégrer dans votre site. Vous pouvez également créer votre propre solution en utilisant des librairies open-source. Ce projet vous permettra de comprendre comment fonctionne l'authentification à deux facteurs et comment elle peut être intégrée dans un système d'authentification existant.

Créer un système de surveillance en temps réel

Un autre projet passionnant serait de mettre en place un système de surveillance en temps réel pour votre site web. Vous pouvez commencer par surveiller les logs de votre serveur pour détecter les activités suspectes, comme les tentatives de connexion échouées. Ensuite, vous pouvez ajouter des fonctionnalités supplémentaires, comme la surveillance du trafic réseau ou l'analyse des modifications de fichiers pour détecter les tentatives d'injection de code.

Chiffrer les données sensibles

Une partie essentielle de la sécurité web est la protection des données sensibles. Pour ce projet, essayez de créer un système qui chiffre les données sensibles, comme les mots de passe ou les informations de carte de crédit, avant de les stocker dans une base de données. Vous pouvez utiliser des bibliothèques de cryptographie comme OpenSSL pour ce faire. Ce projet vous permettra de comprendre comment fonctionne le chiffrement et comment il peut être utilisé pour protéger les données.

Configurer un Pare-feu

Configurer un pare-feu peut sembler une tâche intimidante, mais c'est une compétence précieuse pour tout développeur web. Pour ce projet, essayez de configurer un pare-feu pour votre site web. Vous pouvez commencer par un pare-feu de base fourni par votre système d'exploitation, puis passer à des solutions plus avancées comme un pare-feu d'application web.

Créer un plan de sauvegarde et de récupération

Enfin, un bon projet serait de créer un plan de sauvegarde et de récupération pour votre site web. Cela implique de créer des sauvegardes régulières de votre site et de ses données, puis de tester le processus de restauration pour vous assurer que vous pouvez récupérer rapidement en cas de problème. Ce projet vous donnera une bonne compréhension de l'importance des sauvegardes et de la façon de les mettre en œuvre de manière efficace.

Chacun de ces projets vous permettra de mettre en pratique les concepts de sécurité web que nous avons discutés et de développer des compétences précieuses que vous pourrez utiliser dans votre carrière de développeur web.

Hébergement Web :
La Maison de votre Site Web

Comprendre l'Hébergement Web :
Où Vit Votre Site

L e Web est un espace numérique colossal où des millions de sites web trouvent leur place et sont accessibles à des milliards de personnes à travers le monde. Chaque site web que vous visitez a sa maison sur le Web, une maison qui est assurée par l'hébergement web. L'hébergement web est le service qui permet à votre site web d'être accessible sur Internet. Il stocke toutes les données, fichiers et bases de données nécessaires à votre site web pour fonctionner et les rend accessibles à vos visiteurs.

Mais comment tout cela fonctionne-t-il exactement ? Comment votre site web trouve-t-il sa place dans cette vaste étendue numérique ? Commençons par les bases.

À l'échelle la plus basique, un hébergeur est simplement un ordinateur très puissant appelé serveur. Ce serveur est conçu pour être allumé et connecté à Internet 24 heures sur 24, 7 jours sur 7. Lorsque vous choisissez un hébergeur, vous louez en réalité un petit espace sur ce serveur pour y stocker votre site web.

Chaque serveur a une adresse IP unique, qui est essentiellement une série de chiffres qui identifient spécifiquement ce serveur sur Internet. Cependant, les

75

adresses IP ne sont pas très conviviales pour les êtres humains, c'est pourquoi nous utilisons des noms de domaine. Lorsque vous tapez un nom de domaine dans votre navigateur, celui-ci effectue une recherche pour trouver l'adresse IP associée à ce nom de domaine, puis il se connecte à cette adresse IP pour récupérer et afficher le site web.

Cependant, tous les hébergements web ne se ressemblent pas. Il existe plusieurs types d'hébergement web, chacun offrant différentes capacités et avantages. L'hébergement partagé est la forme d'hébergement web la plus courante et la moins chère. Avec ce type d'hébergement, plusieurs sites web partagent le même serveur et les ressources de ce serveur, comme la mémoire et la puissance de traitement. Cela peut limiter les performances si un autre site sur le même serveur a beaucoup de trafic, mais c'est généralement une bonne option pour les petits sites web avec un trafic modéré.

L'hébergement VPS (Virtual Private Server) est un niveau au-dessus de l'hébergement partagé. Avec ce type d'hébergement, vous avez toujours plusieurs sites sur le même serveur, mais chaque site a une partition spécifique du serveur avec des ressources garanties. Cela signifie que le trafic d'autres sites n'affectera pas les performances de votre site.

L'hébergement dédié, quant à lui, vous donne un serveur entier pour vous tout seul. Cela offre les meilleures performances, mais c'est aussi l'option la plus chère. C'est généralement une bonne option pour les sites web à grand volume de trafic ou les sites qui nécessitent beaucoup de ressources du serveur.

Enfin, l'hébergement cloud est un type d'hébergement plus récent qui permet à votre site d'être hébergé sur plusieurs serveurs dans le cloud. Cela offre une grande flexibilité et une grande fiabilité, car si un serveur tombe en panne, votre site peut simplement être servi à partir d'un autre serveur dans le cloud.

Le choix de l'hébergement dépend donc de vos besoins spécifiques, du volume de trafic attendu et de votre budget. Quoi qu'il en soit, sans hébergement, votre site web ne pourrait tout simplement pas exister sur le Web. L'hébergement web est la maison de votre site web, et comme toute maison, il faut s'assurer qu'elle est sûre, sécurisée et capable d'accueillir ses invités avec succès.

Les Types d'Hébergement : Des Options Pour Tous les Budgets

Dans la jungle de l'hébergement web, le choix peut parfois sembler déroutant. Les types d'hébergement sont nombreux et chacun présente ses propres avantages et inconvénients. De l'hébergement partagé à l'hébergement cloud, chaque option est adaptée à des besoins et à des budgets différents. Comprendre ces différences est essentiel pour faire un choix éclairé qui servira au mieux les intérêts de votre site web.

L'hébergement partagé est souvent la première étape dans le monde de l'hébergement web. Comme son nom l'indique, vous partagez un serveur avec de nombreux autres utilisateurs. C'est la solution la moins coûteuse, car les coûts du serveur sont répartis entre plusieurs utilisateurs. Cependant, l'hébergement partagé présente aussi des inconvénients. Si un autre site sur votre serveur connaît un pic de trafic ou est la cible d'une attaque, cela peut affecter les performances de votre propre site. L'hébergement partagé est donc une bonne option pour les petits sites web, les blogs ou les sites de petites entreprises avec un trafic modéré.

L'hébergement VPS, ou Virtual Private Server, est un pas en avant. Avec cette option, vous partagez toujours un serveur, mais chaque utilisateur dispose de sa propre partition du serveur avec des ressources garanties. Cela offre plus de performances et de stabilité que l'hébergement partagé. L'hébergement VPS est une bonne option pour les sites web de taille moyenne, les sites web de commerce électronique et les sites qui ont besoin d'une certaine flexibilité en termes de configuration du serveur.

L'hébergement dédié, comme son nom l'indique, vous offre un serveur entier pour votre site. Vous n'avez pas à partager les ressources avec d'autres utilisateurs, ce qui offre un niveau de performance et de stabilité inégalé. Cependant, cette performance a un prix, et l'hébergement dédié est l'option la plus chère. C'est une bonne option pour les sites web à grand volume de trafic, les sites web de commerce électronique à grand volume et les sites qui ont besoin d'une grande flexibilité en termes de configuration du serveur.

L'hébergement cloud est une option relativement nouvelle qui offre une grande flexibilité et une grande fiabilité. Avec l'hébergement cloud, votre site est hébergé sur plusieurs serveurs qui fonctionnent ensemble pour fournir les ressources nécessaires. Si un serveur tombe en panne, un autre serveur prend le relais. De plus, avec l'hébergement cloud, vous pouvez généralement ajuster les ressources de votre site en fonction de vos besoins, ce qui est idéal pour les sites web dont le trafic fluctue.

Enfin, il existe également des options d'hébergement spécifiques à certaines plates-formes. Par exemple, l'hébergement WordPress est spécialement optimisé pour les sites construits avec le système de gestion de contenu WordPress.

Le choix de l'hébergement dépend de nombreux facteurs, notamment votre budget, la taille de votre site web, le volume de trafic prévu et la flexibilité dont vous avez besoin en termes de configuration du serveur. Il est donc important de bien comprendre vos besoins et de faire des recherches approfondies avant de prendre une décision.

Choisir un Hébergeur :
Des Critères Pour Prendre la Bonne Décision

Dans un monde où l'information est à portée de main, il est essentiel de savoir filtrer et comprendre les critères importants pour prendre la bonne décision en matière d'hébergement web. De la fiabilité à la vitesse en passant par le service client, chaque élément a un rôle crucial à jouer. Cependant, chaque site web étant unique, le choix de l'hébergeur parfait dépendra grandement de vos besoins spécifiques.

La fiabilité et l'uptime sont au sommet de la liste des critères à considérer lors du choix d'un hébergeur web. L'uptime fait référence à la durée pendant laquelle votre site est accessible en ligne. Plus le pourcentage est élevé, mieux c'est. En général, vous devriez viser un hébergeur offrant un uptime de 99,9 %. Même si cela semble élevé, souvenez-vous qu'une baisse de 0,1 % peut représenter plusieurs heures de temps d'arrêt chaque année, ce qui peut avoir des conséquences désastreuses pour un site de commerce électronique, par exemple.

La vitesse de chargement des pages est un autre facteur critique. Avec l'impulsion toujours croissante vers l'instantanéité, les visiteurs s'attendent à ce que les pages web se chargent rapidement. Une étude de Google a révélé qu'un retard de chargement de seulement une seconde peut entraîner une réduction de 7 % du taux de conversion. Choisissez un hébergeur qui peut garantir une vitesse de chargement rapide pour assurer une expérience utilisateur optimale.

La sécurité est un élément incontournable. Avec l'augmentation des cyberattaques, il est impératif de choisir un hébergeur qui prend la sécurité au sérieux. Recherchez des fonctionnalités telles que les pare-feu, la surveillance 24/7, le SSL gratuit, les sauvegardes régulières et le support pour des protocoles de sécurité plus robustes.

Le support client est un autre élément à ne pas négliger. Peu importe votre niveau d'expertise en matière de développement web, il est toujours possible de rencontrer des problèmes techniques. Avoir un service client réactif et compétent peut faire toute la différence en cas de crise. Vérifiez si l'hébergeur offre un support 24/7, et prenez également en compte la variété des canaux de support proposés (chat en direct, téléphone, e-mail, etc.).

L'évolutivité est un facteur à considérer, surtout si vous prévoyez une croissance rapide de votre site. Votre hébergeur peut-il gérer une augmentation soudaine du trafic ou des besoins de stockage ? Les options d'évolutivité flexibles vous permettront d'adapter les ressources de votre site en fonction de sa croissance, sans avoir à migrer vers un nouvel hébergeur.

Le prix est bien sûr un critère important, mais rappelez-vous que le moins cher n'est pas toujours le meilleur. Il est préférable de voir l'hébergement web comme un investissement plutôt que comme une dépense. Évaluez le rapport qualité-prix de chaque offre et considérez le coût à long terme.

Enfin, considérez les avis des utilisateurs. Les expériences réelles d'autres utilisateurs peuvent vous donner un aperçu précieux de la qualité des services d'un hébergeur. Ce voyage à travers le monde de l'hébergement web peut sembler complexe, mais avec ces critères en tête, vous serez bien équipé pour faire un choix éclairé. À la fin de la journée, le meilleur hébergeur sera celui qui répondra le mieux à vos besoins spécifiques.

Projets et Exemples Pratiques

P our illustrer l'importance d'un bon choix d'hébergement web, permettez-moi de partager avec vous quelques exemples de projets concrets et d'expliquer comment différents types d'hébergement ont été utilisés pour répondre à leurs besoins spécifiques.

Le Blog Personnel

Sophie est une passionnée de voyage qui a décidé de partager ses expériences à travers un blog personnel. Elle a choisi un hébergement partagé en raison de sa simplicité et de son coût abordable. Étant donné que son site ne génère pas un trafic massif et qu'elle n'a pas de besoins particuliers en termes de performances ou de sécurité, cette option d'hébergement convient parfaitement à ses besoins. Sophie a pu facilement installer WordPress grâce à l'outil d'installation en un clic proposé par son hébergeur. De plus, le service client de son hébergeur s'est montré très réactif lorsque Sophie a rencontré des problèmes techniques.

Le Magasin en Ligne

Jean est le propriétaire d'une petite entreprise vendant des produits artisanaux en ligne. Jean a choisi un hébergement VPS pour son site web de commerce électronique. Ce choix lui a permis de disposer d'un environnement d'hébergement isolé, garantissant que les ressources de son serveur ne seraient pas partagées avec d'autres sites. De plus, son hébergeur lui a fourni un certificat SSL gratuit pour sécuriser les transactions de ses clients. L'hébergement VPS a également permis à Jean d'adapter facilement les ressources de son site à mesure que son entreprise grandissait.

L'Application Web à Grande Échelle

Laura est la directrice technique d'une start-up technologique proposant une application web à grande échelle. Pour répondre à la demande de milliers d'utilisateurs simultanés, Laura et son équipe ont opté pour un hébergement cloud. Cette solution leur a offert une scalabilité presque illimitée, leur permettant d'ajuster rapidement les ressources de leur application en fonction de la demande. Ils ont également bénéficié d'une fiabilité accrue, leur hébergeur cloud garantissant un temps de fonctionnement proche de 100 %.

Le Site d'Information Communautaire

David est le gestionnaire d'un site d'information communautaire. Pour s'assurer que son site resterait en ligne même en cas de problème avec son hébergeur principal, David a mis en place une solution d'hébergement en cluster. Ce type d'hébergement a permis à David de répartir son site web sur plusieurs serveurs, garantissant ainsi qu'une panne de serveur n'entraînerait pas la chute de son site. David a également bénéficié d'une meilleure répartition de la charge, son trafic étant réparti entre plusieurs serveurs.

Ces exemples démontrent bien qu'il n'y a pas de solution d'hébergement unique pour tous les projets web. Chaque site web a des besoins spécifiques et mérite une solution d'hébergement adaptée.

Gestion de Contenu :
Maîtriser WordPress et au-delà

Les Systèmes de Gestion de Contenu :
Plus qu'un simple blog

Dans l'univers numérique d'aujourd'hui, les systèmes de gestion de contenu (Content Management Systems, CMS) ont transformé le paysage du développement web, permettant à des individus et à des entreprises de toutes tailles de construire et de gérer des sites web de manière efficace et autonome. Qu'est-ce qu'un CMS et comment a-t-il évolué pour devenir bien plus qu'un simple outil de blogging ? Plongeons-nous dans le fascinant monde des CMS.

Un CMS est un logiciel ou une application utilisée pour créer et gérer des contenus numériques. Il permet à des utilisateurs, même sans compétences techniques approfondies, de créer, modifier et organiser le contenu d'un site web sans avoir besoin de comprendre le code sous-jacent. Les CMS offrent une interface conviviale, généralement basée sur un système WYSIWYG (What You See Is What You Get), ce qui signifie que les modifications effectuées dans l'interface se reflètent dans la façon dont le contenu apparaîtra en direct sur le site.

Les CMS ont vu le jour à la fin des années 1990 et au début des années 2000 en tant qu'outils simplifiés pour la création de blogs. Cependant, au fil des années, ils ont évolué pour offrir des capacités bien au-delà de la simple gestion de blogs. Les CMS modernes, tels que WordPress, Joomla, Drupal, entre autres, permettent désormais la création de sites web de toutes sortes, des sites vitrines aux boutiques de commerce électronique, en passant par les sites de portfolio, les forums de discussion, les réseaux sociaux et plus encore.

La polyvalence des CMS réside dans leur structure modulaire et leur soutien à une pléthore de plugins et de thèmes. Ces extensions permettent d'ajouter des fonctionnalités spécifiques, d'améliorer l'apparence et la convivialité du site, et de personnaliser chaque aspect du site selon les besoins de l'utilisateur. Par exemple, un site web WordPress peut être transformé en boutique en ligne en ajoutant simplement le plugin WooCommerce. De même, l'ajout du plugin BuddyPress peut transformer un site WordPress en réseau social.

Outre les capacités de personnalisation et de gestion du contenu, les CMS modernes intègrent également des fonctionnalités d'optimisation pour les moteurs de recherche (SEO), de gestion des utilisateurs et des rôles, de sauvegardes et de mises à jour, de sécurité et de performances, ainsi que de conformité à l'accessibilité et aux réglementations légales.

Aujourd'hui, plus d'un tiers de tous les sites web dans le monde sont alimentés par un CMS, avec WordPress dominant le marché avec une part de plus de 60%. Cela témoigne de la puissance et de l'accessibilité des CMS en tant qu'outils de développement web.

Cependant, comme tout outil, un CMS n'est pas exempt de défis. Le choix d'un CMS approprié nécessite une évaluation attentive des besoins et des objectifs du projet. Les performances, la sécurité, le coût, la courbe d'apprentissage, la communauté et le support sont autant de facteurs à prendre en compte lors de la sélection d'un CMS.

Dans les sections suivantes, nous examinerons plus en détail certains des CMS les plus populaires, à commencer par le géant incontesté du marché : WordPress. Nous explorerons également d'autres options intéressantes, comme Joomla, Drupal et les CMS sans tête pour les projets plus complexes. Nous aborderons également comment tirer le meilleur parti de ces systèmes pour créer des sites web qui se démarquent et défient la norme.

La maîtrise d'un CMS est une compétence précieuse pour tout développeur web. Elle permet de créer rapidement des sites web fonctionnels et attrayants, tout en offrant une base solide pour l'apprentissage et l'expérimentation de nouvelles technologies et de nouveaux concepts.

WordPress, Drupal, Joomla : Un tour d'horizon

Dans le paysage actuel de la gestion de contenu, trois systèmes dominent le marché : WordPress, Drupal et Joomla. Chacun d'eux a ses propres forces et ses propres défis, et choisir le bon pour votre projet nécessite une compréhension approfondie de ce que chacun a à offrir. Dans cette section, nous vous donnerons un tour d'horizon de ces trois systèmes de gestion de contenu et vous aiderons à comprendre lequel pourrait être le mieux adapté à vos besoins.

WordPress

Avec plus de 60% du marché des CMS, WordPress est le système de gestion de contenu le plus populaire au monde. Il est connu pour sa facilité d'utilisation, sa flexibilité et sa grande communauté d'utilisateurs et de développeurs. WordPress offre une interface utilisateur intuitive et une courbe d'apprentissage relativement faible, ce qui le rend idéal pour les débutants. Cependant, ne vous y trompez pas : sa simplicité apparente cache une profondeur et une puissance incroyables.

WordPress offre une bibliothèque presque infinie de thèmes et de plugins, ce qui vous permet de personnaliser votre site de manière presque illimitée. Que vous souhaitiez créer un blog, un site de commerce électronique, un portfolio ou un site d'adhésion, WordPress a une solution pour vous. En outre, il intègre des fonctionnalités d'optimisation pour les moteurs de recherche (SEO) et est régulièrement mis à jour pour suivre les dernières tendances du web.

Drupal

Drupal est un autre CMS populaire, apprécié pour sa robustesse et sa flexibilité. Il offre des fonctionnalités d'entreprise puissantes, y compris des capacités multilingues avancées, une gestion de contenu hautement personnalisable et une architecture flexible qui peut être adaptée à des projets web complexes.

Cependant, la puissance de Drupal vient avec une courbe d'apprentissage plus raide. Sa complexité peut être intimidante pour les nouveaux utilisateurs, et sa mise en place et sa personnalisation nécessitent souvent l'intervention d'un développeur expérimenté. Pourtant, si vous avez besoin d'une plateforme capable de gérer des sites web à grande échelle et à contenu riche, Drupal est une option à considérer.

Joomla

Joomla occupe une sorte de terrain d'entente entre WordPress et Drupal. Il offre plus de puissance et de flexibilité que WordPress tout en étant moins complexe et plus accessible que Drupal. Joomla est particulièrement apprécié pour sa capacité à gérer des sites web multilingues sans l'aide de plugins supplémentaires, ce qui en fait un choix populaire pour les sites internationaux.

Joomla offre également une variété d'extensions pour ajouter des fonctionnalités supplémentaires à votre site. Cependant, sa bibliothèque d'extensions n'est pas aussi vaste que celle de WordPress, et certaines fonctionnalités couramment utilisées peuvent nécessiter l'ajout de plusieurs extensions pour fonctionner correctement.

Le choix du CMS dépend en grande partie de vos besoins spécifiques, de vos compétences techniques et de vos objectifs. WordPress est souvent le choix par défaut pour les nouveaux venus dans le développement web et pour ceux qui recherchent une solution rapide et facile. Drupal est plus adapté aux projets plus grands et plus complexes qui nécessitent une personnalisation avancée. Joomla, quant à lui, peut être un bon compromis pour ceux qui ont besoin d'une certaine flexibilité, mais qui ne souhaitent pas se plonger dans la complexité de Drupal.

Choisir le bon CMS : Adapter l'outil à la tâche

L a décision de choisir un système de gestion de contenu (CMS) ne doit pas être prise à la légère. C'est un choix qui aura un impact significatif sur la façon dont vous créez, gérez et développez votre site web. Alors, comment choisir le bon CMS ? Cela dépend de plusieurs facteurs, y compris vos besoins spécifiques, votre budget, votre niveau de compétence technique et les objectifs à long terme de votre site web. Dans cette section, nous explorerons ces facteurs en détail et vous donnerons des conseils pratiques pour faire le bon choix.

Comprendre vos besoins

Avant de choisir un CMS, il est crucial de comprendre précisément ce dont vous avez besoin. Souhaitez-vous créer un blog, un site de commerce électronique, un portfolio ou un site de membres ? Avez-vous besoin d'un système multilingue ou d'une fonctionnalité de recherche avancée ? Chaque CMS a ses propres forces et faiblesses, et certains sont mieux adaptés à certains types de sites que d'autres.

Par exemple, WordPress est une excellente option pour les blogs et les sites de commerce électronique, grâce à son large éventail de thèmes et de plugins. Drupal, en revanche, est mieux adapté aux sites complexes avec des exigences spécifiques en matière de gestion de contenu. Joomla, quant à lui, excelle dans la gestion des sites multilingues.

Évaluer votre niveau de compétence technique

Votre niveau de compétence technique est un autre facteur important à prendre en compte. Si vous êtes un débutant en matière de développement web, un CMS comme WordPress, avec son interface conviviale et sa courbe d'apprentissage douce, pourrait être le meilleur choix pour vous. Si vous avez plus d'expérience et que vous n'avez pas peur de vous plonger dans le code, Drupal offre une flexibilité et une personnalisation inégalées.

Considérer votre budget

Votre budget est un autre facteur déterminant. Bien que de nombreux CMS soient gratuits à télécharger et à utiliser, ils peuvent entraîner des coûts cachés. Par exemple, vous pourriez avoir besoin de payer pour des thèmes premium, des plugins ou des services d'hébergement. De plus, si vous choisissez un CMS complexe comme Drupal, vous pourriez avoir besoin d'embaucher un développeur pour vous aider à le configurer et à le personnaliser.

Réfléchir aux objectifs à long terme

Enfin, il est important de penser aux objectifs à long terme de votre site web. Si vous prévoyez de le développer et de l'étendre dans le futur, il peut être judicieux de choisir un CMS qui offre une grande flexibilité et évolutivité, même s'il est plus complexe à utiliser au départ.

Le choix du bon CMS dépend de plusieurs facteurs et nécessite une réflexion et une planification approfondies.

Prenez le temps de comprendre vos besoins, évaluez votre niveau de compétence technique, considérez votre budget et réfléchissez à vos objectifs à long terme. Ainsi, vous serez bien équipé pour choisir le CMS qui vous aidera à réussir sur le web.

Projets et Exemples Pratiques

En parlant de gestion de contenu, rien ne vaut l'expérience pratique pour vraiment comprendre ce que chaque CMS peut faire. Dans cette section, nous allons explorer trois projets pratiques que vous pouvez entreprendre avec WordPress, Drupal et Joomla. Ces projets vous aideront à comprendre les forces et les faiblesses de chaque CMS, ainsi que les situations dans lesquelles ils brillent vraiment.

Créer un Blog avec WordPress

WordPress est largement connu comme une plateforme de blogging, et pour une bonne raison. Avec sa simplicité d'utilisation, son large éventail de thèmes et de plugins, et son puissant éditeur de contenu, c'est l'outil idéal pour lancer votre propre blog.

Pour ce projet, essayez de créer un blog sur un sujet qui vous passionne. Utilisez un thème gratuit pour personnaliser l'apparence de votre blog, et installez quelques plugins pour ajouter des fonctionnalités comme le partage social, les formulaires de contact et l'optimisation pour les moteurs de recherche (SEO). L'objectif ici est d'apprendre comment utiliser les outils de base de WordPress pour créer un blog attrayant et fonctionnel.

Construire un Site d'Information avec Drupal

Drupal est réputé pour sa flexibilité et sa puissance, ce qui en fait le choix idéal pour les sites d'information complexes. Pour ce projet, essayez de construire un petit site d'information sur un sujet qui vous intéresse.

Utilisez les types de contenu personnalisés de Drupal pour créer différentes sortes de pages (par exemple, des articles de blog, des pages statiques, et des pages de profils d'auteurs). Ensuite, utilisez le système de taxonomie pour organiser votre contenu en catégories et en tags. Enfin, utilisez les vues pour créer des listes dynamiques de contenu (par exemple, une liste des derniers articles de blog, ou une liste de tous les auteurs sur le site).

Créer un Site Multilingue avec Joomla

Joomla excelle dans la gestion des sites multilingues, grâce à ses puissants outils de traduction intégrés. Pour ce projet, essayez de créer un petit site web dans au moins deux langues différentes.

Pour commencer, installez le pack de langue pour chaque langue que vous voulez utiliser sur votre site. Ensuite, créez du contenu dans chaque langue, en utilisant le système de traduction de Joomla pour gérer les différentes versions de chaque page. L'objectif ici est de comprendre comment Joomla gère les sites multilingues, et de découvrir les défis uniques que présente la création d'un site web dans plusieurs langues.

Ces projets ne sont que des points de départ, n'hésitez pas à les adapter à vos propres besoins et intérêts. En travaillant sur ces projets, vous gagnerez une expérience pratique avec chaque CMS, et vous comprendrez mieux quand et comment utiliser chaque outil.

Le Web et la Loi : Naviguer dans les Eaux Juridiques Numériques

Les bases de la loi numérique : Ce que chaque webmaster doit savoir

L'ère numérique a non seulement transformé notre façon de communiquer, de travailler et de jouer, mais elle a également redéfini notre rapport à la loi. Pour les webmasters, comprendre les principes de base de la loi numérique est vital pour naviguer dans cet environnement complexe. Laissez-moi vous guider à travers quelques concepts clés que chaque webmaster devrait connaître.

Droit d'auteur

Le droit d'auteur est un concept juridique qui accorde aux créateurs le droit exclusif d'utiliser et de distribuer leur travail original pour une certaine période. Cela signifie que vous ne pouvez pas utiliser le travail de quelqu'un d'autre sans son autorisation. Cela s'applique à la musique, aux images, aux textes et à toute autre forme de création originale.

Sur le web, le droit d'auteur peut être un sujet délicat. Par exemple, si vous voulez utiliser une image que vous avez trouvée en ligne sur votre site web, vous devez obtenir l'autorisation de l'auteur. Sans cette autorisation, vous violez leurs droits d'auteur et vous pourriez être poursuivi en justice.

2. Confidentialité des données

La confidentialité des données concerne la façon dont les informations personnelles sont collectées, stockées, utilisées et partagées en ligne. En tant que webmaster, vous avez la responsabilité de protéger les informations personnelles de vos utilisateurs.

Des réglementations comme le Règlement Général sur la Protection des Données (RGPD) en Europe ont établi des règles strictes sur la façon dont les données personnelles doivent être traitées. Pour vous conformer à ces règles, vous devez être transparent sur la façon dont vous collectez et utilisez les données, et vous devez obtenir le consentement de vos utilisateurs avant de collecter leurs informations.

E-commerce et protection des consommateurs

Si vous exploitez un site de commerce électronique, il y a des lois spécifiques que vous devez respecter. Par exemple, vous devez fournir des informations claires et précises sur les produits que vous vendez, y compris le prix, les frais de livraison, et les détails sur le droit de rétractation.

Vous devez également respecter les lois sur la protection des consommateurs, qui garantissent le droit des clients à des produits de qualité et à un traitement équitable en cas de problème.

Cybercriminalité

La cybercriminalité est un domaine en pleine croissance de la loi qui concerne les activités criminelles commises en ligne. Cela peut inclure des choses comme le piratage, la fraude en ligne, et la diffusion de logiciels malveillants.

En tant que webmaster, vous avez la responsabilité de protéger votre site contre les activités criminelles. Cela peut impliquer des mesures comme le maintien à jour de votre logiciel, la sécurisation de vos systèmes contre les intrusions, et la mise en place de mesures pour détecter et répondre aux activités suspectes.

Ces domaines ne sont que le début, la loi numérique est un domaine vaste et complexe qui change rapidement. Cependant, en vous familiarisant avec ces principes de base, vous serez mieux préparé à naviguer dans les eaux juridiques numériques et à protéger vous-même et vos utilisateurs.

La protection des données et la conformité RGPD : Votre responsabilité en tant que propriétaire de site

Depuis l'entrée en vigueur du Règlement Général sur la Protection des Données (RGPD) de l'Union Européenne en 2018, la protection des données est devenue une préoccupation majeure pour tous les webmasters. Bien que ce règlement soit européen, il a des implications mondiales car il s'applique à toute entreprise qui traite les données de résidents de l'UE. Il convient donc de comprendre vos responsabilités en tant que propriétaire de site pour garantir la conformité au RGPD.

Consentement éclairé

Le RGPD souligne l'importance du consentement éclairé. Cela signifie que vous devez informer clairement les utilisateurs de ce que vous comptez faire avec leurs données avant de les collecter. Les utilisateurs doivent également donner leur accord pour l'utilisation de leurs données. Cela signifie qu'il ne suffit pas d'avoir une case à cocher pré-cochée sur votre formulaire d'inscription ; les utilisateurs doivent activement donner leur consentement.

Droit d'accès et de rectification

Les utilisateurs ont le droit d'accéder à leurs données et de les rectifier si elles sont incorrectes. En tant que propriétaire de site, vous devez mettre en place des mécanismes pour permettre aux utilisateurs d'exercer ces droits. Cela peut comprendre des formulaires en ligne pour demander l'accès aux données, ou des options pour mettre à jour les informations du compte.

Droit à l'oubli

Le RGPD donne également aux utilisateurs le "droit à l'oubli", ce qui signifie qu'ils peuvent demander à ce que leurs données soient supprimées. Si un utilisateur demande la suppression de ses données, vous devez être capable de le faire, sauf s'il y a une raison légale de conserver ces données.

Sécurité des données

Le RGPD exige que vous preniez des mesures appropriées pour sécuriser les données des utilisateurs. Cela peut inclure le chiffrement des données, la mise en place de pare-feu, et la réalisation d'évaluations régulières des risques de sécurité. En cas de violation de données, vous êtes tenu d'informer les autorités compétentes et, dans certains cas, les utilisateurs affectés.

Responsabilité des données

Enfin, le RGPD introduit le concept de "responsabilité des données". Cela signifie que vous devez non seulement être en conformité avec le RGPD, mais aussi être capable de prouver cette conformité. Cela peut impliquer la tenue de registres détaillés de vos activités de traitement des données, la mise en place de politiques de protection des données, et l'instauration de formation sur la protection des données pour votre personnel.

Naviguer dans le paysage du RGPD peut être complexe, mais c'est une étape essentielle pour protéger les données de vos utilisateurs et maintenir la confiance dans votre site. En fin de compte, le respect du RGPD n'est pas seulement une question de conformité légale, c'est une question de respect de vos utilisateurs et de leurs droits en matière de vie privée.

Les droits d'auteur sur le Web :
Protéger et respecter le travail des autres

Naviguer dans le paysage des droits d'auteur sur le web peut s'avérer complexe, mais c'est un aspect essentiel de la gestion d'un site web réussi et éthique. Que vous créiez du contenu original ou que vous utilisiez le travail d'autrui, il est important de comprendre comment fonctionnent les droits d'auteur sur le web.

Comprendre les droits d'auteur

Les droits d'auteur sont des lois qui protègent les œuvres originales de l'esprit. Cela inclut les textes, les images, la musique, les films, les logiciels et d'autres formes de contenu. Lorsqu'une œuvre est créée, l'auteur détient automatiquement les droits d'auteur sur cette œuvre, ce qui lui donne le droit exclusif de la reproduire, de la distribuer, de la représenter publiquement, de la modifier et d'en créer des œuvres dérivées.

Respecter les droits d'auteur

Respecter les droits d'auteur d'autrui sur le web est crucial. Cela signifie que vous ne pouvez pas simplement prendre du contenu que vous trouvez sur Internet et l'utiliser comme bon vous semble. Si vous voulez utiliser le travail de quelqu'un d'autre, vous devez obtenir son autorisation. Il existe cependant certaines exceptions, comme l'utilisation équitable (ou fair use), qui permet d'utiliser du contenu protégé par le droit d'auteur à des fins spécifiques, telles que la critique, le commentaire, l'enseignement, la recherche et les reportages.

Protéger votre travail

Si vous créez du contenu original pour votre site web, vous devez également veiller à protéger votre propre travail. Cela peut inclure la publication d'un avis de droit d'auteur sur votre site, l'enregistrement de votre droit d'auteur, ou la prise de mesures pour empêcher le piratage de votre contenu.

L'utilisation de licences de contenu

De nombreux créateurs choisissent de partager leur travail sous une licence de contenu, qui spécifie comment leur travail peut être utilisé par d'autres. Une licence Creative Commons, par exemple, peut permettre à d'autres de partager, d'utiliser et de construire sur une œuvre, à condition qu'ils attribuent le travail à l'original créateur.

Gérer les violations de droits d'auteur

Malgré vos meilleurs efforts pour respecter les droits d'auteur, vous pouvez rencontrer des situations où votre contenu est utilisé sans votre permission. Dans ces cas, il est important de connaître vos droits et de savoir comment faire respecter votre droit d'auteur. Cela peut impliquer de contacter la personne ou l'entreprise qui a utilisé votre travail, de demander le retrait du contenu, ou même de prendre des mesures juridiques.

Naviguer dans le paysage des droits d'auteur sur le web peut sembler intimidant, mais une compréhension de base de ces principes peut vous aider à respecter les droits des autres et à protéger votre propre travail. En fin de compte, il s'agit de respecter la créativité, l'innovation et le travail acharné qui sont à la base de toute œuvre originale.

Projets et exemples pratiques

L'application concrète des lois numériques, de la protection des données et des droits d'auteur peut parfois sembler abstraite. Voici donc une série de projets et d'exemples concrets qui vous aideront à comprendre comment ces principes s'appliquent dans la réalité.

1. Audit de conformité RGPD

Pour ce projet, vous allez effectuer un audit de conformité RGPD sur un site web existant. Il s'agit d'un exercice pratique qui vous aidera à comprendre les implications du Règlement général sur la protection des données de l'Union européenne.

Commencez par choisir un site web, de préférence un qui recueille des données personnelles (par exemple, un site de commerce électronique ou un blog avec un formulaire d'inscription à la newsletter). Examinez le site web pour voir comment il recueille, utilise et stocke les données personnelles. Recherchez la politique de confidentialité du site web et lisez-la attentivement.

Est-ce que le site web vous informe clairement de la manière dont il utilise vos données ? Existe-t-il un moyen pour vous de retirer votre consentement ou de demander l'effacement de vos données ? En fin de compte, vous devriez être en mesure de déterminer si le site est conforme au RGPD ou s'il existe des domaines dans lesquels il pourrait être amélioré.

Création d'une politique de confidentialité

Le deuxième projet consiste à rédiger une politique de confidentialité pour un site web hypothétique. Imaginez que vous lancez un nouveau site de commerce électronique. Quelles informations recueillez-vous sur vos clients ? Comment utilisez-vous ces informations ? Comment les stockez-vous et combien de temps les conservez-vous ?

Rédigez une politique de confidentialité détaillée qui répond à ces questions et qui est conforme aux normes de protection des données actuelles. Assurez-vous d'inclure des informations sur les droits de l'utilisateur, par exemple le droit d'accéder à leurs données, de les rectifier et de les effacer.

Gérer une violation des droits d'auteur

Dans ce dernier scénario, imaginez que vous êtes l'administrateur d'un forum en ligne et que l'un de vos utilisateurs a posté un article de blog entier d'un autre site sans permission. Comment réagissez-vous ?

Rédigez une réponse détaillée à cet utilisateur, en expliquant pourquoi ce qu'il a fait est une violation des droits d'auteur et en lui indiquant les mesures que vous allez prendre. Ensuite, rédigez une procédure détaillée pour gérer ce type de situation à l'avenir, y compris la manière d'informer les utilisateurs de leurs responsabilités en matière de droits d'auteur, la manière de surveiller les violations potentielles et les mesures à prendre en cas de violation avérée.

Ces exercices pratiques vous aideront à comprendre comment appliquer les principes du droit numérique dans des situations réelles. N'oubliez pas que la loi évolue constamment, tout comme le paysage numérique. Pour rester en règle, vous devrez rester à jour et vous adapter en conséquence.

Enfin, rappelez-vous que les lois du numérique ne sont pas là pour être un obstacle, mais pour protéger tout le monde dans l'écosystème du web. Lorsqu'elles sont appliquées correctement, elles protègent les propriétaires de sites, les créateurs de contenu et, surtout, les utilisateurs qui comptent sur nous pour protéger leurs données et respecter leurs droits. Au fur et à mesure que vous avancez dans votre carrière en tant que développeur web, gardez ces principes à l'esprit et utilisez-les pour créer des sites web qui sont non seulement innovants et attrayants, mais aussi sûrs, sécurisés et respectueux de la loi.

Analytiques Web :
Mesurer pour Réussir

L'importance de l'analyse :
Comprendre pour améliorer

Avez-vous déjà entendu l'expression "ce qui se mesure s'améliore" ? C'est une vérité fondamentale dans le monde du développement web. Si vous ne savez pas ce qui fonctionne et ce qui ne fonctionne pas sur votre site web, comment pouvez-vous espérer l'améliorer ? C'est ici qu'intervient l'analyse web.

L'analyse web consiste à collecter, mesurer, analyser et rapporter les données sur le trafic web et l'interaction des utilisateurs. Il s'agit d'un outil essentiel pour comprendre comment les gens interagissent avec votre site, ce qu'ils aiment et ce qu'ils n'aiment pas. Avec ces informations à votre disposition, vous pouvez faire des ajustements informés et efficaces qui amélioreront l'expérience utilisateur et, en fin de compte, le succès de votre site.

L'importance de l'analyse web ne peut être sous-estimée. C'est la boussole qui vous guide dans l'océan numérique. Sans elle, vous naviguez à vue, sans aucune idée de la direction à prendre. Avec elle, vous avez une carte détaillée qui vous montre exactement où vous êtes, où vous voulez aller et comment y arriver.

L'analyse web n'est pas seulement une question de chiffres et de statistiques. Elle concerne les personnes réelles qui visitent votre site. Chaque visiteur est un individu avec ses propres goûts, ses propres préférences et ses propres attentes. En analysant les données, vous pouvez comprendre ces individus à un niveau plus profond et créer une expérience qui répond à leurs besoins et dépasse leurs attentes.

L'analyse web peut également vous aider à identifier les problèmes sur votre site avant qu'ils ne deviennent trop importants. Si une page a un taux de rebond élevé, c'est un signe qu'il y a un problème. Peut-être que le contenu n'est pas intéressant ou pertinent, ou peut-être que la page est difficile à naviguer. Quelle que soit la raison, vous pouvez l'identifier rapidement avec l'analyse web et prendre les mesures nécessaires pour résoudre le problème.

De même, l'analyse web peut vous montrer ce qui fonctionne bien sur votre site. Si une page a un taux de conversion élevé, c'est un signe qu'elle répond aux besoins des utilisateurs. En identifiant ce qui fonctionne, vous pouvez reproduire ce succès ailleurs sur votre site.

L'analyse web est un outil indispensable pour tout développeur web. Elle vous donne un aperçu précieux de votre site et de vos utilisateurs, vous permettant d'améliorer constamment et de maximiser le succès de votre site. Sans elle, vous êtes dans l'obscurité. Avec elle, vous avez toutes les informations dont vous avez besoin pour briller.

Les outils d'analyse : Google Analytics et au-delà

D
ans le vaste monde des analytiques web, il existe une multitude d'outils, chacun offrant ses propres fonctionnalités et avantages uniques. Toutefois, un outil se distingue par sa popularité et sa polyvalence : Google Analytics.

Google Analytics est un service gratuit proposé par Google qui fournit des statistiques détaillées sur le trafic d'un site web. Avec son interface conviviale et sa richesse de fonctionnalités, Google Analytics est devenu l'outil de référence pour de nombreux développeurs web, quel que soit leur niveau d'expérience.

Avec Google Analytics, vous pouvez suivre une multitude de mesures, dont le nombre de visiteurs de votre site, la manière dont ils sont arrivés sur votre site (par exemple, via un moteur de recherche, un lien sur un autre site ou un réseau social), le temps qu'ils passent sur votre site et les pages qu'ils visitent. Vous pouvez également recueillir des informations démographiques sur vos visiteurs, comme leur âge, leur sexe et leur emplacement géographique.

Au-delà de ces statistiques de base, Google Analytics offre également des fonctionnalités avancées qui peuvent vous aider à approfondir votre compréhension de vos visiteurs. Par exemple, vous pouvez créer des objectifs pour suivre les conversions (comme les achats ou les inscriptions à une newsletter), ou utiliser le suivi des événements pour voir comment les utilisateurs interagissent avec des éléments spécifiques de votre site, comme les boutons ou les vidéos.

Bien que Google Analytics soit un outil incroyablement puissant, il n'est pas le seul sur le marché. D'autres outils d'analyse web offrent des fonctionnalités uniques qui peuvent compléter ou même surpasser celles de Google Analytics.

Par exemple, Hotjar est un outil qui fournit des cartes de chaleur visuelles montrant où les utilisateurs cliquent et se déplacent sur votre site. Cela peut vous donner une idée précise de la manière dont les utilisateurs interagissent avec votre design et vous aider à identifier les zones d'amélioration.

Un autre outil intéressant est Mixpanel, qui se concentre sur l'analyse des événements et permet de suivre les comportements spécifiques des utilisateurs sur votre site. Cela peut être particulièrement utile pour les sites axés sur le produit ou le commerce électronique, où la compréhension du parcours de l'utilisateur est cruciale.

Enfin, si vous cherchez une alternative respectueuse de la vie privée à Google Analytics, Matomo (anciennement Piwik) peut être une bonne option. Il offre de nombreuses fonctionnalités similaires à Google Analytics, mais avec une forte concentration sur la protection des données et la conformité à la RGPD.

Il existe un large éventail d'outils d'analyse web disponibles, chacun offrant ses propres avantages uniques. Il est important de comprendre ce que chaque outil peut offrir et de choisir celui (ou ceux) qui répondent le mieux à vos besoins spécifiques. Avec le bon outil en main, vous pouvez mesurer efficacement le succès de votre site, comprendre vos utilisateurs et constamment améliorer pour atteindre vos objectifs.

Interpréter les données :
Transformer les chiffres en actions

L'un des aspects les plus cruciaux de l'analyse web est de pouvoir interpréter efficacement les données recueillies. En fin de compte, les chiffres et les statistiques n'ont de sens que si vous pouvez les transformer en actions qui favorisent la croissance et le succès de votre site web. C'est une compétence qui nécessite à la fois une compréhension technique des outils d'analyse et une capacité à penser de manière critique et stratégique.

Avant de commencer l'interprétation, il est essentiel de comprendre ce que signifient les mesures clés. Des termes comme "taux de rebond", "pages vues", "sessions" et "utilisateurs uniques" ont des significations spécifiques en matière d'analyse web. Par exemple, le taux de rebond représente le pourcentage de visiteurs qui quittent votre site après avoir consulté une seule page. Un taux de rebond élevé pourrait indiquer que les utilisateurs ne trouvent pas immédiatement ce qu'ils cherchent et partent sans explorer davantage. Les pages vues, d'autre part, indiquent le nombre total de pages consultées sur votre site.

Une fois que vous comprenez ces termes, vous pouvez commencer à examiner les tendances dans vos données. Par exemple, si vous voyez une augmentation soudaine du trafic vers une certaine page, cela pourrait indiquer qu'une de vos stratégies de marketing est efficace, ou que vous avez été mentionné dans un article populaire ou un post de médias sociaux.

Cependant, les tendances ne sont qu'un aspect de l'interprétation des données. Il est également essentiel de comprendre le "pourquoi" derrière ces tendances. Par exemple, si votre taux de rebond est élevé, cela peut être dû à une variété de facteurs, comme un design de site confus, des temps de chargement lents, ou un manque de contenu pertinent. En identifiant les problèmes potentiels, vous pouvez prendre des mesures pour améliorer l'expérience utilisateur et, espérons-le, augmenter l'engagement sur votre site.

L'interprétation des données nécessite également une certaine quantité d'expérimentation. Par exemple, vous pourriez tester différentes versions de votre page d'accueil pour voir laquelle entraîne le plus d'engagement. En suivant les résultats de ces tests dans vos données d'analyse, vous pouvez faire des choix plus éclairés sur le design de votre site et le contenu que vous proposez.

Enfin, il est important de ne pas se perdre dans les détails. Bien qu'il soit utile de se plonger dans les chiffres et de chercher des tendances, il est également crucial de prendre du recul et de voir la situation dans son ensemble. Qu'est-ce que les données vous disent sur la façon dont les utilisateurs interagissent avec votre site dans son ensemble ? Quels sont vos objectifs globaux et comment les données peuvent-elles vous aider à les atteindre ?

L'interprétation des données d'analyse web est un équilibre entre la compréhension des détails techniques et la réflexion stratégique. En maîtrisant cette compétence, vous pouvez transformer les chiffres et les statistiques en actions concrètes qui propulsent votre site web vers le succès.

Projets et exemples pratiques

Le meilleur moyen d'apprendre et de comprendre les analyses web est souvent de s'immerger dans des projets pratiques. Ces projets peuvent vous aider à comprendre comment les outils d'analyse fonctionnent dans des situations réelles, et comment interpréter et appliquer les données pour améliorer votre site web. Voici quelques projets et exemples pour vous aider à démarrer.

Projet de suivi du trafic sur le site

Pour ce projet, l'objectif est de mettre en place un système de suivi du trafic sur un site web à l'aide de Google Analytics ou d'un autre outil d'analyse web. Commencez par définir les indicateurs clés de performance (KPI) que vous souhaitez suivre, comme le nombre de visiteurs uniques, le taux de rebond, ou le temps moyen passé sur le site. Ensuite, configurez votre outil d'analyse pour suivre ces KPI et commencez à recueillir des données. Au fil du temps, observez comment ces métriques évoluent et essayez d'identifier les tendances ou les modèles qui pourraient vous aider à améliorer votre site.

Projet d'optimisation du taux de conversion

L'optimisation du taux de conversion (CRO) est un aspect crucial de l'analyse web. Pour ce projet, choisissez une action spécifique que vous voulez que les utilisateurs accomplissent sur votre site (comme s'inscrire à une newsletter, faire un achat, ou remplir un formulaire) et utilisez vos outils d'analyse pour suivre combien d'utilisateurs accomplissent cette action. Ensuite, faites des changements sur votre site pour essayer d'augmenter ce nombre. Cela pourrait impliquer des tests A/B pour comparer différentes versions d'une page, ou des modifications de l'UX pour rendre l'action plus facile à accomplir. Suivez les résultats de vos changements et utilisez les données pour informer vos futures décisions.

Projet d'analyse de l'entonnoir de vente

Un entonnoir de vente est le processus par lequel un visiteur devient un client. Pour ce projet, définissez ce qui constitue un "entonnoir" sur votre site. Cela pourrait impliquer la visite d'une page de produit spécifique, l'ajout d'un article à un panier, et finalement la réalisation d'un achat. Utilisez vos outils d'analyse pour suivre combien d'utilisateurs passent par chaque étape de l'entonnoir, et où ils abandonnent le processus. Ensuite, utilisez ces informations pour identifier les obstacles potentiels à la conversion et cherchez des moyens de les surmonter.

Projet d'analyse des médias sociaux

Les médias sociaux sont une source importante de trafic pour de nombreux sites web. Pour ce projet, utilisez des outils comme Google Analytics, Facebook Insights, ou Twitter

Analytics pour suivre combien de visiteurs viennent sur votre site via les médias sociaux, et quel type de contenu ils préfèrent. Utilisez ces informations pour affiner votre stratégie de médias sociaux et attirer plus de visiteurs sur votre site.

En travaillant sur ces projets, vous développerez une compréhension pratique des analyses web et apprendrez à utiliser les données pour prendre des décisions éclairées et efficaces. Rappelez-vous, l'analyse web n'est pas seulement une question de chiffres et de graphiques, c'est un outil puissant pour comprendre vos utilisateurs et répondre à leurs besoins de manière plus efficace.

La Conclusion

Au terme de ce voyage à travers le développement web, le design UX/UI, l'optimisation pour les moteurs de recherche (SEO), l'accessibilité, la sécurité, l'hébergement, la gestion de contenu, le droit du numérique et l'analyse web, vous devriez avoir une compréhension plus approfondie de ce que signifie créer, maintenir et optimiser un site web dans le monde numérique d'aujourd'hui.

La beauté du web réside dans son évolution constante, offrant sans cesse de nouvelles opportunités et défis. En tant que concepteur de site web, développeur ou gestionnaire de site, votre apprentissage ne s'arrête jamais. Les technologies, les tendances et les réglementations changent, ce qui nécessite une adaptation et une mise à jour constantes de vos connaissances et compétences.

Cependant, il est important de se rappeler que, bien que la technologie et les outils soient des aspects cruciaux de la construction du web, le cœur de toute initiative en ligne doit toujours être l'utilisateur. Les sites web sont conçus pour les gens, et qu'il s'agisse d'accessibilité, de design UX, de performance ou de sécurité, chaque décision que vous prenez doit viser à améliorer l'expérience de l'utilisateur final.

Dans le domaine du développement web, la créativité et l'innovation sont tout aussi importantes que les compétences techniques. Chaque projet offre l'occasion de repousser les limites, d'essayer de nouvelles approches et de découvrir de meilleures façons de résoudre les problèmes. Ne soyez pas intimidé par l'échec ; voyez-le plutôt comme une occasion d'apprendre et de vous améliorer.

Le SEO, bien que souvent négligé, est un élément crucial pour assurer la visibilité et le succès de votre site web. Comprendre comment les moteurs de recherche fonctionnent et comment optimiser votre contenu pour eux est une compétence précieuse qui peut faire la différence entre un site web qui est vu et un site web qui est ignoré.

La sécurité, la conformité à la loi et l'accessibilité sont également des aspects essentiels qui ne doivent jamais être négligés. Avec l'augmentation constante des cyberattaques, assurer la sécurité de votre site web est plus important que jamais. De même, respecter les lois et les réglementations, telles que le RGPD, est non seulement une nécessité légale, mais aussi une question de respect de la vie privée de vos utilisateurs. En outre, rendre votre site accessible à tous, quelles que soient leurs capacités, n'est pas seulement une question d'égalité, mais aussi une manière d'améliorer l'expérience globale pour tous les utilisateurs.

Enfin, n'oubliez pas que les données sont vos amies. Les outils d'analyse vous permettent de comprendre comment les utilisateurs interagissent avec votre site, quel contenu ils apprécient le plus et où il y a des opportunités d'amélioration. Apprendre à interpréter ces données et à les transformer en actions peut être l'une des compétences les plus puissantes que vous pouvez acquérir en tant que professionnel du web.

Le voyage dans le monde du web est passionnant, stimulant et constamment en évolution. Restez curieux, soyez prêt à apprendre et n'oubliez jamais que, au bout du compte, votre travail vise à créer une expérience positive et enrichissante pour les utilisateurs. Le web est un formidable outil de connexion, d'information et d'innovation, et vous en faites partie. Bonne chance dans vos futurs projets web !

Réflexions essentielles

Utilisateur d'abord

Qu'il s'agisse de conception, de développement, de SEO ou de sécurité, l'utilisateur final doit toujours être au cœur de toute décision. La création d'une expérience positive pour l'utilisateur est la clé du succès de tout projet web.

Apprentissage continu

Le monde du web évolue constamment, avec de nouvelles technologies, tendances et réglementations. Pour rester pertinent et efficace, il est nécessaire de continuellement mettre à jour et améliorer ses compétences.

L'importance de l'accessibilité

L'accessibilité ne devrait pas être une réflexion après coup, mais une considération essentielle dès le début de la conception. Un web accessible est bénéfique pour tous les utilisateurs et est un signe de respect et d'inclusion.

Sécurité et conformité

Avec l'augmentation des cyberattaques et l'importance accrue de la vie privée des données, la sécurité du site web et la conformité aux lois et règlements sont plus cruciales que jamais.

Le pouvoir de l'analyse

Comprendre comment les utilisateurs interagissent avec votre site et utiliser ces informations pour améliorer et optimiser est une compétence inestimable. Les données, lorsqu'elles sont correctement analysées et interprétées, peuvent conduire à des améliorations significatives et à un succès accru.

Innovation et créativité

Le développement web n'est pas seulement une question de codage et de technologie. C'est aussi un espace pour l'innovation et la créativité, un endroit pour essayer de nouvelles choses et trouver de meilleures solutions.

La puissance du SEO

Optimiser votre site pour les moteurs de recherche est essentiel pour assurer sa visibilité et atteindre plus d'utilisateurs. Le SEO est une compétence précieuse qui peut grandement augmenter la portée et l'impact de votre site.

La création, le développement et la gestion d'un site web sont une tâche complexe et multidimensionnelle qui exige une gamme de compétences et une approche centrée sur l'utilisateur. En restant curieux, en apprenant continuellement et en mettant toujours les besoins des utilisateurs en premier, vous pouvez contribuer à créer un web meilleur et plus inclusif.

Ne manquez pas l'occasion d'enrichir votre bibliothèque et d'approfondir vos connaissances avec la **collection** de **Polychromatic reflections Publishing** en vente sur Amazon :

L'équilibre entre vie professionnelle et vie personnelle
Luna Whisper

Ce livre vous propose des stratégies pour créer un équilibre harmonieux entre vos responsabilités professionnelles et vos besoins personnels, pour une vie plus épanouissante et atteindre un bien-être durable. Il vous offre des conseils pratiques et des stratégies pour gérer votre temps, établir des priorités et développer des compétences. Idéal pour les professionnels et les personnes en quête d'une vie plus épanouissante.

La psychologie de la réussite financière : Comprendre les schémas mentaux qui mènent à la prospérité financière et comment les adopter
Owen Redford

Ce Guide Ultime vous dévoile un chemin différent pour comprendre la richesse et le succès financier et vous guide à travers un parcours unique en explorant des concepts souvent négligés pour vous aider à atteindre vos objectifs financiers. Que vous soyez un entrepreneur, un professionnel ou simplement quelqu'un qui cherche à améliorer sa situation financière, ce livre vous offre des conseils précieux et des réflexions inspirantes pour vous aider à naviguer dans le monde complexe de la réussite financière. Vous y découvrirez les secrets cachés de la réussite financière que les experts ne vous diront pas.

Finance Verte : Réussir Financièrement tout en Protégeant la Planète
Owen Redford

Le monde évolue rapidement, et l'investissement responsable est devenu un élément clé pour façonner un avenir plus durable et juste. Ce livre vous guide à travers ses multiples facettes en abordant les principes éthiques, les défis et les opportunités, ainsi que les tendances émergentes et les innovations dans le domaine. Il offre également des perspectives d'avenir et des aspirations pour un monde meilleur, en soulignant l'importance de la collaboration entre les différents acteurs et en invitant chacun à agir et à réfléchir sur son impact en tant qu'investisseur et citoyen du monde.

L'odyssée du crypto-navigateur : Le guide ultime pour s'installer dans un pays favorable aux crypto-monnaies !
Owen Redford

Découvrez le guide essentiel pour les professionnels de la crypto-monnaie qui cherchent à s'installer dans un pays favorable aux crypto-monnaies. Ce livre offre des conseils précieux, des analyses détaillées et des témoignages inspirants pour vous aider à prendre des décisions éclairées sur votre carrière et votre vie à l'étranger. Que vous soyez entrepreneur, investisseur, ou simplement intéressé par les opportunités offertes par les pays crypto-friendly, ce livre est un incontournable pour vous.

Le murmure de l'âme : L'ASMR et la quête de la sérénité
Luna Whisper

Découvrez les avantages de l'ASMR pour la santé mentale, la relaxation et la productivité au travail. Apprenez-en plus sur les différentes techniques et les artistes qui ont façonné cet univers relaxant. Ce livre offre des informations précieuses pour les professionnels et les amateurs de bien-être cherchant à améliorer leur quotidien.

www.ingramcontent.com/pod-product-compliance
Lightning Source LLC
LaVergne TN
LVHW051741050326
832903LV00029B/2658